Onno-Hans Poppinga

Geboren auf einem Bauernhof in Ostfriesland

Besseres hätte mir nicht passieren können

Ein Buch mit Geschichten, kein Geschichtsbuch

Onno-Hans Poppinga

Geboren auf einem Bauernhof in Ostfriesland

Besseres hätte mir nicht passieren können

Ein Buch mit Geschichten, kein Geschichtsbuch

Danke an:
Marjana Poppinga für die Korrektur
Sylvia Christ für die Photographien
Caren Poppinga für die Bildbearbeitung
Katrin Hirte für das Layout

Bibliografische Information der Deutschen Nationalbibliothek: Die Deutsche Nationalbibliothek verzeichnet diese Publikation in der Deutschen Nationalbibliografie; detaillierte bibliografische Daten sind im Internet über http://dnb.dnb.de abrufbar.

Verlag: BoD · Books on Demand GmbH, In de Tarpen 42, 22848 Norderstedt, bod@bod.de

Druck: Libri Plureos GmbH, Friedensallee 273, 22763 Hamburg

ISBN: 978-3-7693-9834-2

Inhaltsverzeichnis

Die Landschaft 1

Geschichte der Familie 17

Was kennzeichnete unser Leben auf dem Hof in Upgant? 36

Der Hof 42

Wie sah die praktische Landwirtschaft aus? 56

Die Eltern 77

Vorratshaltung 88

Gerichte/Speisen 93

Religion 99

Erziehung und Schule 104

Der Sport 114

Geselligkeit, mal anders 120

Die vier Brüder

DIE LANDSCHAFT

Die Landschaft, die den Hintergrund für die folgenden Schilderungen bildet, ist das BROOKMERLAND; sie ist gelegen im nordwestlichen Ostfriesland (Niedersachsen) und bestand aus Geest- und Moorflächen. Historisch hatten die Geestflächen den geringeren Anteil; viel größer war die Ausdehnung der um mehrere Meter höheren Hochmoorflächen. Die eigentliche Geest war im Zusammenhang mit der Eiszeit entstanden und bestand – von den Bodenarten her – vor allem aus Sand und etwas Lehm. Auf dem schmalen Geestrand, der immerhin etwas höher lag als die angrenzende Marsch, siedelten sich die Friesen an. Als die Sturmfluten besonders zerstörerische Ausmaße annahmen, zogen auch die bisherigen Marschbewohner auf die Geest.

Das Abgraben der Moore und die Gewinnung von Torf waren damals eine der wenigen Möglichkeiten, das Lebensumfeld zu erweitern und die Lebenssituation zu verbessern. Es wurden neue und zusätzliche Flächen für die Landwirtschaft gewonnen und man hatte Brenn- und Baumaterial. Bei Mangel an Holz und Steinen waren die Torfsoden nämlich auch ein wichtiges Baumaterial! In manchen armen Moordörfern gab es Hütten, die aus Torfsoden gebaut waren, bis weit ins 19. Jahrhundert hinein. Es war wohl die wachsende Zahl an Menschen, die dazu führte, dass später auch mit Verkauf von Torf begonnen wurde (bis dahin nur Eigenverbrauch). Ab dem 17. Jahrhundert traten in Ostfriesland auch Investoren auf den Plan, die ein Interesse an dem lukrativen Handel mit Torf hatten und durch Investitionen in Land und Menschen den Torfabbau beschleunigten. Die so entstehenden Landschaften wurden „Fehnkulturen" genannt.

Wie auch immer organisiert, das Abgraben von Torf setzte die Anlage von tiefen Gräben und Kanälen voraus, mit denen die Moore entwässert und der Transport mit den schmalen Torfkähnen möglich wurde. Der Torf wurde gestochen, aufgeschichtet zum Trocknen und einige Monate später auf die Kähne verladen; die Vermarktung des wertvollen Brennstoffes ging u.a. per Schiff bis nach Köln. (In Wiesmoor – Ostfriesland – wurde sehr viel später sogar ein Kraftwerk errichtet, das mit Torf betrieben wurde; angeschlossen waren Gewächshäuser).

Die „Fehnkultur" bestand aus Abgraben, Trocknen und Nutzung des Torfes mit folgender Inwertsetzung des bisherigen sandigen Untergrundes als Flächen für die Landwirtschaft. Es dauerte Jahrzehnte und umfasste manchmal mehrere Generationen, bis diese Erarbeitung von neuem Land abgeschlossen war.

Um schneller mit Siedlungsmaßnahmen und Gewinnung von landwirtschaftlichen Flächen voran zu kommen, wurde u.a. im 18. Jahrhundert die „Moorbrandkultur" praktiziert, bei der das Moor nicht mehr gründlich entwässert und nicht mehr abgegraben wurde. Die oberste Schicht des Torfes (der sogenannte „Weißtorf") wurde nach oberflächlicher Austrocknung im Spätsommer in Brand gesetzt. Das geschah bisweilen in einem derartigen Umfang, dass die dichten Rauchschwaden weit übers Land zogen. Selbst aus der mehr als 250 km entfernt liegenden Stadt Köln gab es Berichte, dass der Rauch des verbrannten Torfes zu Beschwerden bei der Atmung geführt habe. Später, nach Abklingen des Brandes, wurde in die Asche zumeist Buchweizen eingesät. Buchweizen wächst auch recht gut auf sehr armen Boden und ist sehr gut geeignet als Grundnahrungsmittel (Es handelt sich trotz des Namens nicht um ein Getreide, sondern die Pflanze gehört zur Familie der Knöterichgewächse). Wenn nach einigen Jahren die Erträge nachließen, wurde der Vorgang zwischen Abbrennen und Aussaat wiederholt.

Im Gegensatz zu den Dörfern, die nach der Methode der „Fehnkultur" entstanden waren, blieben die Dörfer, die im Zusammenhang mit der „Moorbrandkultur" gegründet wurden, für viele Jahrzehnte ausgesprochen armselig.

Ein Beispiel für dieses Vorgehen war „Moordorf", das an mehrere Fehndörfern des Brookmerlandes anschloss. Die Gründung der Siedlung wurde veranlasst in jener Zeit, als Ostfriesland ein Teil Preußens geworden war. Der Volksmund berichtet, Moordorf sei auf Veranlassung von Friedrich II. gegründet worden, um entlassene Soldaten unterzubringen. Neben den geringen Erträgen aus der Nutzung des armen Bodens nach dem Brennen war für die Menschen oft Betteln zum kümmerlichen Überleben notwendig. Nach Beginn der Industrialisierung in Ostfriesland fanden dann viele Moordorfer Arbeit auf den Werften in Emden. Sie organisierten sich in Gewerkschaften und waren politisch links engagiert.

Bei den teilweise sehr umfangreichen Maßnahmen zur Besiedlung von Mooren im 20. Jahrhundert (etwa im Rahmen des „Emsland-Planes", als viele hundert Siedlerhöfe zwischen Leer und Papenburg entstanden), wurde als Methode dann das Tiefpflügen angewandt. Dies Verfahren war erst möglich, nachdem gewaltige „Lokomobile" („Dampfmaschinen auf Rädern") zur Verfügung standen. Durch gewaltige Pflüge, die weit über einen Meter in die Tiefe reichten, wurden das Moor und der obere Teil des darunter liegenden Bodens gepflügt und gemischt. Auf diesen Flächen ergab sich auch noch Jahrzehnte nach Besiedlung und landwirtschaftlicher Nutzung, dass die Torfbestandteile sich Jahr für Jahr weiter abbauten. Die Flächen sanken ab, die Gebäude bekamen Risse. Die meisten der so gewonnen Flächen werden heute als Grünland genutzt.

Das Dorf UPGANT, in dem der Hof meiner Eltern lag, war das Ergebnis von früher „Fehnkultur". Upgant ist historisch eine alte Siedlung. Der Name ist wohl abgeleitet von dem Wort „Gant", mit dem Kanäle oder breite Entwässerungsgräben bezeichnet wurden.

Das Dorf lag früher auf einem schmalen Geestband zwischen Marsch und Moor. Hier gab es Schutz vor den Fluten der Nordsee, von hier aus konnte man sich ins Moor voran graben und landwirtschaftliche Flächen gewinnen.

Durch dieses Voranarbeiten in die Moore, das nach einem festgelegten Verfahren ablief und auch rechtlich geregelt war (durch das „Upstreksrecht"), entstand eine regelmäßige, weitgehend rechteckige Flur – durch Torf abgraben, Jahre über Jahre, schwere Handarbeit, alles mit Muskelkraft und Torfspaten („Dem Ersten der Tod, dem Zweiten die Not, dem Dritten das Brot" ist ein verbreiteter Spruch).

Nach Jahrhunderten entstanden dann aus den einfachen Behausungen in der Geest schließlich auch einige ansehnliche Höfe. Besonders im ausgehenden 16. und im 17. Jahrhundert hatten sich Angehörige der Familie Poppinga in Upgant richtig breitgemacht. Zu den „Poppinga-Höfen" wurden insgesamt 9 „Herde" gezählt, mehrere davon werden als "Voller Herd" charakterisiert.

Das bedeutet – etwa beim „Herd" Nr. 60 – „49 Diemat und 18 Jidden" an Landeigentum. (Anmerkung: 1 Diemat entspricht etwa 57 ar. Es war übrigens auch das „Soll" für einen Mann bei der Mahd von Getreide mit der Sichte; für eine „ostfriesische Jidde" werden 46,6 ar angegeben; insgesamt käme der „Herd Nr.60 demnach auf 36,42 ha. Aber die Flächenangabe „Jidden" war bei uns schon nicht mehr üblich; ich erinnere mich nur an „Jiir". Das war die Fläche, die ein Jauchewagen mit einer Füllung abdüngen konnte, und die war deutlich kleiner).

Eheschließungen und wirtschaftliche Verhältnisse sorgten für häufige Änderungen beim Grundeigentum, auch in der Landwirtschaft. Schließlich verblieb im Eigentum eines Trägers des Namens Poppinga in Upgant bis zur Mitte des 18. Jahrhundert nur der Hof „Hakerei". Dieser (bis heute von einem entfernten Verwandten bewirtschaftete) Hof hat seinen ungewöhnlichen Namen erhalten durch einen Capitain Christian Ludwig von Hake, der im 1. Schlesischen Krieg den Tod fand. Durch Einheirat ging der Hof Mitte des 19. Jahrhunderts in den Besitz von Wilm Ufke Leerhoff aus Marienhafe über.

Wilm Ufke Leerhoff

Dieser begann, den Boden des Hofes „Hakerei" mit kalkhaltigem Mergel zu verbessern. Die Familiengeschichte weiß zu berichten, dass wegen des dafür ausgegebenen Geldes für lange Zeit der Ehesegen getrübt war.

Wegen der rauen Witterung wurden die Höfe schon in früher Zeit so weit wie möglich aus Backsteinen gebaut (teilweise zusätzlich mit Granit-Findlingen im Fundament).

Zuvor gab es nicht nur Häuser, sondern auch Scheunen und sogar Ställe, deren Wände aus sorgfältig aufgeschichteten Torfsoden bestanden; der Kot der Kühe diente wegen seiner hohen Klebkraft als Mörtel.

Da die Mengen an gebrannten Ziegeln in den ersten Jahrhunderten nach Einführung dieser Technik nur für wenige Höfe (und für die Kirchen) reichten, wurden Bau und Besitz eines Steinhauses zu einem lokalen Machtfaktor. Nur wer das gewählte Amt des „Hofdelings" (so etwas wie Bürgermeister) innehatte, durfte ein Steinhaus besitzen! Dieses aus Steinen errichtete feste Gebäude –„Börg" genannt –, wurde häufig von einer „Graft" (= breiter Graben) umgeben, die den Machtanspruch des Eigentümers zusätzlich hervorhob.

Der Nachbarhof meiner Eltern war so eine alte „Börg". Für uns als Kinder war sie reichlich mit Ängsten besetzt. Vielleicht trug dazu schon bei, dass es auf der Südseite der „Börg" einen kleinen Fichtenwald gab. Wald war uns wirklich fremd, denn den gab es in Ostfriesland überaus selten. Der größte befand sich in der Gemeinde Lütetsburg und gehörte einem der sehr wenigen Großgrundbesitzer, die es in Ostfriesland gab, der Grafenfamilie von Inn- und zu Knyphausen. Aus deren Wald holten wir übrigens einmal im Jahr gespaltene Eichenpfähle, die wir für das Auswechseln schadhafter Pfähle in den Zäunen unserer vielen Weiden brauchten.

In der Umfassungsmauer der Schlossanlage ist übrigens ein Relief zu sehen, in dem dargestellt wird, wie ein „Häuptling Papinga", nachdem er vom Pferd gestürzt und rücklings in einem Dornbusch gefallen war, von einem Kriegsknecht des Bischofs von Bremen den Todesstreich erhielt.

Der Häuptling Papinga hatte einen Wachturm des Bischofs von Bremen, der die Schiffsbewegungen auf der Weser vor Piraten schützen sollte, erobert und angezündet. Soldaten des Bischofs verfolgten ihn und stellten ihn in Lütetsburg.

Bis in die 1830iger Jahre gab es in Upgant aus alter Zeit auch noch zwei „Triesche" (= Gemeindeweiden), bei denen die Nutzungsrechte unter der Einwohnerschaft des Dorfes genau verteilt waren und deren Einhaltung streng überwacht wurde. Sie waren wichtig vor allem für die Tierhaltung der „kleinen Leute". Der ständige Druck der größeren Betriebe führte schließlich in der Zeit, als Ostfriesland zum Königreich Hannover gehörte, zu Aufteilung und Privatisierung.

Zurück zu den Backsteinen: Gebrannt wurden die Backsteine in den „Ticheleien" (Ziegeleien), mit Torf als Energiequelle. Die Ticheleien waren bis nach dem 2. Weltkrieg ein wichtiger Bestandteil der Wirtschafsstruktur Ostfrieslands.

Um die Ernten gut „unters Dach" bringen zu können, entstand ein Typ von Hof, den es nur in Ostfriesland gab. Er nannte (und nennt) sich GULFHOF; sein Erkennungszeichen war, dass mit extrem wenig Holz – Holz war immer knapp und teuer in Ostfriesland – ein möglichst großer Bergeraum – eben ein „Gulf" – geschaffen wurde, eine wegen des geringen Materialverbrauchs geniale Lösung der friesischen Zimmerleute.

Über Jahrhunderte wurde das Dach des Gulfhofes wie das aller anderen Häuser mit Reet gedeckt, ebenfalls ein Material, das auf sumpfigen Flächen und vor Ort gewonnen wurde und bei Frost im Winter zusätzlich Arbeit bot. Gulfhöfe gab es in sehr unterschiedlichen Größen.

Eine Eigenart der historischen wie der aktuellen Agrarverhältnisse in Ostfriesland ist, dass es sich bei einem erheblichen Teil der Höfe um Pachthöfe handelt. Dazu trug zum einen bei, dass der Großgrundbesitz der Grafen von Inn- und zu Knyphausen (für 1927 werden als Größe 5.000 ha angegeben) zum größten Teil verpachtet war. Ein zweiter wichtiger Grund war vermutlich die Aufforderung des bedeutenden „Aufklärers" und Agrarreformer Albrecht Daniel Thaer an wohlhabende Bürger, doch in den Kauf von Höfen zu investieren.

Thaer war zwar von Beruf Arzt und lebte in Celle, hatte aber u.a. durch eigene Versuche in einem großen Garten und – vor allem – durch Verbreitung von Kenntnissen über die kapitalistisch organisierte Landwirtschaft in England einen großen Einfluss auf die Agrarreformen des 19. Jahrhunderts in Deutschland. Obwohl er nie in England gewesen war, verließ er sich auf die Mitteilungen von Arthur Young, einem Engländer, der im ausgehenden 18. Jahrhunderts in Europa herumreiste und dabei überall die Agrarverhältnisse in England als vorbildlich darstellte.

Die Landwirtschaft in England und Schottland befand sich zwar im Eigentum von Großgrundbesitzern, sie wurde aber bewirtschaftet von kapitalistischen Pächtern auf eigene Rechnung, mit eigenem Kapital und mit Hilfe von Landarbeitern. Thaer riet nun den wohlhabenden Bürgern in Deutschland, doch auch in die Landwirtschaft zu investieren. Wenige Jahrzehnte später verabschiedeten sich aber die Großgrundbesitzer in England und Schottland bereits von der Erzeugung von Lebensmitteln; die Wolle der Schafe brachte mehr Profit und brachte in einer arbeitsextensiven Landwirtschaft den höchsten Gewinn.

Bauern und Landarbeiter in sehr großen Zahlen verloren ihre Existenz; hunderte von Dörfern wurden aufgelöst. Lebensmittel wurden in England fortan überwiegend eingeführt aus den britischen Kolonien, aber auch aus Dänemark und von Betrieben an der deutschen Nordseeküste.

Diese Wirtschaftsbeziehungen waren prägend bis zum 1. Weltkrieg! Die Exporte von Schafen und Bullen aus der Wesermarsch – der Nachbarlandschaft zu Ostfriesland – waren beispielsweise so bedeutend und dauerhaft, dass sich aus einem kleinen Verladepier an der Weser eine ganze Stadt entwickelte (Nordenham). Die exportorientierten Bauern gründeten sogar eine Schifffahrtsgesellschaft mit zwei eigenen Schiffen (deren Namen waren -nach bedeutenden sächsischen Söldnerführern- „Hengis" und „Horsa"). Der Verkauf von Rindern in England war so lukrativ, dass auch an der deutschen Nordseeküste mit der Zucht der fleischbetonten, eigentlich in England beheimateten Rinderrasse „Shorthorn" experimentiert wurde.

Auch in der Pferdezucht Norddeutschlands kam es zum Einsatz von aus England stammenden Pferderassen wie den „Cleveland Bay". Für die sprach, dass sie mit Schwerpunkt auf die Anspannung vor Postkutschen gezüchtet worden waren und deshalb über „räumende Gänge" verfügten.

So wie die Höfe in Ostfriesland eine eigene Bauweise haben, so gilt das auch für viele der Arbeiterhäuser. Sie hießen „Bummert", bestanden nur aus einem Erdgeschoß mit einem Reet- oder Ziegeldach sowie einem kleinen Garten und waren eigentlich zwei an der Stirnseite aneinandergebaute Häuser für zwei Familien. Eine kleine Tierhaltung – Kaninchen, Hühner, Schwein, Ziege – gehörte dazu.

Im Gegensatz zu den Bauern auf der Geest, die zwar auch nicht immer über große Geldeinnahmen verfügten, aber immerhin gut und reichlich zu essen hatten, war in den Arbeiterhäusern vor allem im ausgehenden Winter auch das Essen oft genug knapp. Ärmlich ging es bisweilen zu in den Arbeiterhaushalten.

Im Dorf Hinte in der Krummhörn gab es einen extra „Arbeitsmarkt" für Landarbeiter. Arbeitslose Landarbeiter trafen sich dort, Bauern, die Arbeiter suchten, fanden sich ein und fuhren dorthin, um die von ihnen benötigte Zahl an Arbeitern für einen Tag anzuheuern.

Die soziale Lage der Landarbeiter hatte sich zum ausgehenden 19./beginnendem 20. Jahrhundert sehr verändert durch die langsame Verbreitung der ersten industriell hergestellter Landmaschinen. Besonders wichtig war die Mähmaschine, mit der Wiesen und Kleegras gemäht wurden. (in manchen Regionen auch Getreide). Sie trat an die Stelle der Mahd mit der Sense und verursachte den Verlust einer Arbeit, für die sonst viele Arbeiter und Arbeiterinnen (zum „Wenden" des Grases) eingestellt worden waren. Unter anderem mein Großvater mütterlicherseits war „Opfer" des Streits um die neue Technik: die erste von ihm gekaufte Maschine wurde „abgefackelt" (Täter blieben unbekannt). Nach und nach wurden dann auch Maschinen zum Wenden und zum Schwaden des Heus eingeführt. Der Beginn des 20. Jahrhunderts war auch der Beginn der Verbreitung der „Dreschaschinen". Sie wurden fast immer von Lohnarbeitsbetrieben angeschafft. Das waren

Maschinen, die für damalige Zeit mächtige Ausmaße und Gewichte hatten. Sie droschen nicht nur die Körner aus, sondern pressten auch das Stroh zu Ballen. In den ersten Jahrzehnten wurde die Maschinen durch eine Dampfmaschine („Lokomobile") angetrieben. Beim Betrieb war die Unfallgefahr hoch. Für den Transport waren viele Pferdegespanne nötig. Das Gewicht der Maschine überforderte immer wieder die Belastbarkeit der Verkehrswege und der Hofzufahrten. Die beträchtlichen Schwierigkeiten beim Einsatz führten dazu, dass diese Technik für längere Zeit nur in großbetrieblichen Regionen zum Einsatz kam. Für die Landarbeiter bedeutete die (langsame) Verbreitung dieser Technik, dass sie ihre bisherige Arbeit in den Wintermonaten verloren. Die Einführung der Arbeitslosenversicherung war daher für sie von sehr großer Bedeutung.

Wenn nach dem Abschluss der Volksschule mit 14 oder 15 Jahren für die Kinder eine Anstellung als „Lütje Knecht" oder „Lütje Meid" beim Bauern begann, mussten die Jugendlichen in vielen Fällen erst „aufgefüttert" werden, um die Arbeit überhaupt schaffen zu können. Darauf wurde bei manchen Höfen Rücksicht genommen, bei manchen aber auch nicht.

Der Winter war für die Familien der Landarbeiter die Zeit des „Stempelns"; neben den Vorräten aus dem eigenen Garten und der kleinen Tierhaltung musste mit dem sehr geringen „Stempelgeld" ausgekommen werden. Es war deshalb kein Wunder, dass sich die Mitte der 50iger Jahre einsetzende Abwanderung der Landarbeiter nach Errichtung des VW-Werks in Emden 1964 sehr beschleunigte. Zudem hatten die Löhne bei VW ein sehr viel höheres Niveau als die Löhne in der Landwirtschaft.

Angrenzend an das BROOKMERLAND begann (und beginnt immer noch) die KRUMMHÖRN. Sie ist eine Marschlandschaft, über Jahrhunderte von Sturmfluten geprägt, für Menschen lange sehr gefährlich – bis die Friesen mit dem Bau von großen Seedeichen begannen: „Gott schuf das Meer, der Friese die Küste". Der Bau und die Unterhaltung der Seedeiche – es waren wirklich gewaltige Bauvorhaben – verlangten kollektive Verpflichtungen von allen Bewohnern, vor allem aber von den

Höfen: „Well ne will dieken, de mut wieken" (Wer nicht beim Deichbau mithelfen will, soll sich davonmachen"). Der Hof meiner Eltern unterlag auch noch diesen Verpflichtungen; ich habe das erlebt bei der großen Sturmflut 1962, als wir Anhänger mit Strohballen vollpacken mussten, um eventuelle Deichbrüche zu stopfen. In Ostfriesland wurden die Deiche zwar zum Teil überspült, aber sie hielten!

In Hamburg gab es dagegen viele hundert Ertrunkene. (Mein Bruder Ubbe, damals bei der Bundeswehr, war bei der großen Sturmflut 1962 in Hamburg im Einsatz.) Die große Bedeutung, die die Sicherung der Deiche und generell die Regelung der Wasserverhältnisse im Binnenland bis heute hat, zeigt sich auch daran, dass es eine der ehrenvollsten Aufgaben in Ostfriesland ist, zum „Deich- und Sielrichter" gewählt zu werden! Ein Vetter war viele Jahre mit dieser Aufgabe betraut.

Aber nicht nur der Deichbau spielte in Ostfriesland stets eine große Rolle. Da Teile Ostfrieslands einen Meter oder mehr unter „Normal Null" liegen, also unter dem durchschnittlichen Wasserstand der Nordsee, und die übrigen Flächen auch nur wenige Meter höher sind, war Entwässerung für die Landwirtschaft immer ein sehr wichtiges Anliegen. Das überlieferte System sah folgendermaßen aus: in den Deichen gab es die „Siele" mit mächtigen, verschließbaren Toren. Hatten sich die Wassermassen der Nordsee nach Einsetzen der Ebbe soweit zurückgezogen, dass der Wasserstand in den großen Entwässerungskanälen im Inland höher war, wurden die Sieltore geöffnet, und Wasser konnte in die Nordsee abfließen. Gegen Ende der Ebbe wurden die Sieltore dann wieder geschlossen. Angepasst an die Menge an Wasser, das durch dieses System außer Deich abfließen konnte, war der Ausbau der Entwässerungskanäle und -gräben. Bei unserem Hof waren das Entwässerungsgräben mit einer Tiefe von gut einem Meter Tiefe.

Zu den beliebten Spielen von uns Kindern gehörte es, in diesen Entwässerungsgräben selbst gebaute Schiffchen schwimmen zu lassen. Hergestellt haben wie sie aus dem Holz von Zigarrenkisten. Verschiedene Schiffchen wurden in das mit geringer Geschwindigkeit abfließende Wasser gesetzt. Derjenige, dessen Schiffchen am längsten auf dem Wasser davonschwamm, hatte gewonnen. Oft war die Fahrt schon nach wenigen Metern zu Ende, weil das Schiffchen sich an altem Gras, einem querliegenden Stöckchen oder Ähnlichem festgehakt hatte.

Bei dieser Tiefe der Entwässerungsgräben dauerte es aber oft viele Tage, bis nach starken Niederschlägen alles überschüssige Wasser abgeflossen war. Etwas tiefer liegende Flächen, die zumeist als Grünland genutzt wurden, standen deshalb vor allem in Herbst und Winter für viele Wochen unter Wasser. Das waren dann beliebte Flächen für Schlittschuhlaufen und Eishockey. Man konnte auch mal durchs Eis einbrechen und trug dann aber nicht mehr als nasse Füße davon.

Als Wirtschaft und Politik Anfang der 50iger Jahre Druck auf die Landwirtschaft machten, die Produktion zu industrialisieren, reichte das überkommene Niveau der Entwässerung im Binnenland nicht mehr aus. Zusätzlich zu den alten Sielen wurden sehr leistungsfähige Pumpstationen geschaffen. Sie konnten das Wasser aus den Kanälen jetzt sowohl bei Ebbe wie bei Flut außer Deich schaffen.

Diese stark erhöhte Leistungsfähigkeit der Pumpen ermöglichte intensive Ausbaumaßnahmen bei den Entwässerungsgräben. So wurde der Graben zwischen unserm Hof und dem Hof des Nachbarn Ulferts von etwa einem Meter auf fast 3 Meter vertieft (Schiffchen fahren lassen hätte bei diesem dreieckigen Grabenprofil wohl auch keinen Spaß mehr gemacht). (Die Entwässerungsgräben wurden je nach Bedeutung übrigens unterteil in Vorfluter „1. Ordnung", 2. oder „3. Ordnung"). Die starke Vertiefung der Gräben führte zu einer ähnlich starken Absenkung der Grundwasserstände.

Dies ermöglichte wiederum, dass auf den empfindlichen Flächen der Marsch die bisherige Oberflächenentwässerung durch „Grüppen" (schmale Gräben) beseitigt werden konnte. Mit Hilfe von Raupenschleppern und Planierschildern wurden die Grüppen zugeschoben. Wie beabsichtigt konnte durch die jetzt großen und ebenen Flächen die Arbeitsgeschwindigkeiten bei Feldarbeiten erheblich gesteigert werden. Die Melioration der Grünland- und Ackerflächen, erst mit Ton-, später mit Kunststoffrohren, wurde in den 1950iger und 1960iger Jahren als sehr wichtige Aufgaben der „Landeskultur" gesehen und daher im großen Stile umgesetzt. Auch der Ausbau von Feldwegen gehörte in den Zusammenhang.

Für die gesteigerten Anforderungen an die Landwirtschaft (vor allem die nach umfassender Technisierung mit dem Ziel der Kostensenkung) war das alles sicher günstig. Wie so oft bei Maßnahmen des Landeskulturausbaus zeigten sich negative Wirkungen erst viel später. (Am deutlichsten in den Trockenjahren um 2020, als den Pflanzen auf einmal nicht mehr zu viel, sondern zu wenig Wasser zur Verfügung stand. Einzelne Bauern versuchten da sogar, mit selbst gebauten Dämmen in den Abwassergräben Wasser zurückzuhalten, was aber streng verboten war).

Die Krummhörn hatte eine andere Agrarstruktur wie die Geest; die Höfe hatten einen Flächenumfang von 40-50 ha. Wegen der hohen Ertragsfähigkeit waren die Marschbauern sehr wohlhabend. Zu sehen ist das an manchen Wohnhäusern, die mit Säulen und repräsentativen Treppenaufgängen ausgestattet und im klassizistischen Stil errichtet worden sind. Ganz anders wie bei den Höfen auf der Geest, wo es selbstverständlich war, dass Bauer und Bäuerin bei allen Arbeiten vorangingen, hielten sich die Marschbauern den Status von „Herr-Bauern" zu gute. So waren von den 14 Schülern der „Ackerbauschule" in Norden – Mitte der 20iger Jahre – nur zwei voll in der Arbeit des elterlichen Hofes eingebunden! Einer davon war mein Vater.

Nicht nur beschränkten sich Bauer und Bäuerin auf den Marschhöfen auf die Betriebsleitung und das Erteilen von Anweisungen, sondern es gab für die Bauernfamilie und für Gesinde und Landarbeiter „verschiedene Töpfe", und es wurde in verschiedenen Räumen zu Tisch gesessen. Hochmut gegenüber den Geestbauern – den „Sandhasen" – wurde wie selbstverständlich vor sich hergetragen. Vor allem in benachbarten Dörfern zwischen Marsch und Geest kam es am späteren Abend bei Volksfesten immer wieder zu heftigen Schlägereien um die Mädchen. Die Jungens aus dem Marschdorf sprachen denen aus dem Geestdorf überhaupt das Recht ab, an dem Fest teilzunehmen: „Wi posen uns höner sülmst" (Frei übersetzt: Ihr habt bei unseren Mädchen nichts zu suchen).

Zur Lebensweise der „Herr-Bauern" hat es wohl auch gehört, sich regelmäßig im „Hotel zur Post" im Ort Pewsum zum „Elf Ührtche" getroffen zu haben (Treffpunkt 11 Uhr; Schwätzchen halten und Bier oder Schnaps trinken). Als Beispiel für die überaus große Selbsteinschätzung von Marschbauern wurde gerne eine Geschichte berichtet, die sich in den 20iger Jahren zugetragen haben soll. Eine Bauerntochter und ein Volksschullehrer hatten sich ineinander verliebt und die Frau war schwanger geworden. Ihre Eltern empfanden die Verbindung mit einem Lehrer als einen derart großen sozialen Abstieg, dass Lehrer und Tochter auswandern mussten.

Wurde auf einem Marschbauernhof der Hof an einen Hofnachfolger oder – viel seltener – an eine Nachfolgerin übergeben, so zogen die Senioren meist weg vom Hof und in ein ihnen gehörendes Haus in einer benachbarten Kleinstadt. Der dazu passende Spruch lautete: "Du dürst up schluren ne not plaats hen könen." (Du darfst nicht in Hausschuhen den Hof erreichen können). Bei den weniger gut situierten Geestbauern wohnten die Senioren meist weiter mit auf dem bislang von ihnen bewirtschafteten Hof. Das hatte Nachteile (Ärger zwischen Alt und Jung, zwischen Schwiegermutter und Schwiegertochter), aber auch große Vorteile. Die Senioren konnten – soweit sie es vermochten und dazu in der Lage waren – weiter im Betrieb mithelfen. Damit war beiden Seiten geholfen. Wenn es gut zwischen den Generationen lief, war dieses langsame Herausgleiten aus dem Arbeitsleben eine sehr schöne Form des Älterwerdens.

In den 50iger Jahren kam dann als Teil der schnellen Motorisierung der Landwirtschaft der große Umbruch gerade für die „Herr-Bauern": wer als Marschbauer nicht sehr, sehr schnell lernte, dass er jetzt der 1te Traktorist auf dem eigenen Hof zu sein hatte, war schnell „weg vom Fenster". Aus Protest gegen diese Entwicklung, die ein sozialer Abstieg war und als solcher auch so erlebt wurde, entstand mit der „Notgemeinschaft Deutscher Bauern" eine sehr konservative Bewegung, die Ende der 50iger Jahre vorübergehend sogar den damals auch noch zahlenmäßig starken Deutschen Bauernverband mit seinem Vorsitzenden Edmund Rehwinkel aufmischen konnte.

Obwohl sich Ende der 20iger Jahre die in Norddeutschland vorübergehend starke „Landvolkbewegung" aufgelöst hatte und ihre Mitglieder großenteils zur NSDAP übergewechselt waren, wurde die Fahne der Landvolkbewegung (weißer Pflug, gekreuztes rotes Schwert auf schwarzem Tuch) auch von der Notgemeinschaft Deutscher Bauern als Symbol genutzt und bei Demonstrationen vor sich hergetragen.

Anders als in der Umgebung der alten Marschdörfer wurden die bis zum Bau der (relativ) sicheren Deiche kaum zu benutzenden Marschflächen in Angrenzung zur Geest nach ihrer Kultivierung zu einem großen Teil von den Geestbauern übernommen. Die Flächen waren zum Teil schwer zu bewirtschaften, weil manche von ihnen als Ergebnis historischer Bodenentwicklung zuvor aus Mooren bestanden hatten. Darüber waren dann und für Jahrhunderte Sturmfluten mit Schlickablagerungen hinweggegangen. Diese Böden waren sehr speziell, weil der Marschboden nur geringmächtig war. Man bezeichnet das Moor unter der Kleiablagerung als „Darg". Wenn man mit dem Pflug in diesen „Darg" hineingeriet, kamen auch zwei Pferde nicht mehr vorwärts. Die Geesthöfe vergrößerten sich durch diese zusätzlichen Ländereien in der „Brackmarsch" von etwa 30 ha auf gut 40-50 ha. Diese Landzulage war auch beim Hof meiner Eltern geschehen; sehr weit waren dadurch die An- und Abfahrten geworden, sehr groß auch die Unterschiede in der Fruchtbarkeit der Felder! Zuvor lagen als Folge des „Upstreksrecht" alle Felder hinter dem Hof.

Preußen bzw. das Königreich Hannover nutzten einen Teil der Brackmarsch übrigens auch, um Domänen bzw. einige – sehr isoliert gelegene – „Grashäuser" einzurichten.

Begleitet wurde der Deichverlauf, der die Marsch zur Nordsee hin abschloss, übrigens an zahlreichen Stellen durch Maßnahmen zur weiteren Gewinnung von Neuland. Die Ostfriesen wollten sich das zurückholen, was das Meer ihnen Jahrhunderte zuvor entrissen hatte.

In die bei Ebbe trockenfallenden Flächen wurden einige hundert Meter in Richtung Nordsee hinausreichende Faschinen aus zusammengebundenen Ästen im Karree mit einem kleinen Wasserdurchlass angelegt. Mit den Deicharbeitern gab es auch eine eigene Berufsgruppe, die sich mit diesen Tätigkeiten gut auskannte. Bei Flut wurden die niedrigen Zäune überspült, bei Ebbe hielten sie Schwebestoff zurück. Hatte sich auf diese Weise und über einen sehr langen Zeitraum neues Land in einer gewissen Höhe gebildet, wurde es durch einen niedrigen Deich („Sommerdeich") gegen die Nordsee abgeschirmt. Dieser Deich schützte vor dem ständigen Wechsel von Ebbe und Flut, nicht aber vor höheren Fluten oder gar einer Sturmflut.

Der neu gebildete Boden zwischen Hauptdeich und Sommerdeich war einerseits sehr fruchtbar, andererseits sehr salzhaltig. Es bildete sich nach einiger Zeit eine spezielle Salzwiesenvegetation aus. Sie wurde geprägt durch sogenanntes „Andelgras", das nicht nur salztolerant, sondern auch ein sehr gutes Futtergras war. Diese Flächen – „Heller" genannt – wurde vor allem von Haushalten mit kleinen Tierhaltungen genutzt, um ihre Jungrinder aufzuziehen. Manchmal, wenn unser Hof mal reichlich viele Rinder hatte, brachten wir auch einige Tiere auf den Heller. Es war natürlich das Grasen der Tiere, das aus dem Aufwuchs auf dem Heller eine Weide entstehen ließ. Der Heller unterstand der „Deich- und Sielacht". Die bestellte für die Heller Vertrauenspersonen, die jeden Tag nach den Tieren sahen und bei Gefahr einer drohenden hohen Flut die Tiere vom Heller auf den höher gelegenen Hauptdeich in Sicherheit brachten.

Weil es auf den Hellern keine Sträucher und erst recht keine Bäume gab, die Raubvögeln als Ansatz hätten dienen können (es gab auch keine Füchse und andere „Räuber"), waren die Heller ein idealer Standort für alle Wiesenbrüter, Vögel also, die von ihrem Brutplatz aus freie Sicht in die Weite verlangen. Weidende Rinder störten sie dagegen nicht. Die Heller waren deshalb wahre „Pilgerstätten" für Vegetationskundler und Ornithologen. Sowohl im Herbst wie im Frühjahr dienten die Heller zudem als Rast- und Nahrungsplatz für abertausende von Zugvögeln, vor allem für abertausende an Gänsen.

Mit den Rindern, den Wiesenbrütern und den Rastplätzen für Zugvögel war es Jahre später vorbei, als der „Nationalpark Niedersächsisches Wattenmeer" eingerichtet wurde. Seine ideologische Grundlage war, möglichst alle menschlichen Nutzungsformen aus dem

Nationalparkgebiet zu verbannen und der Natur freien Lauf zu lassen. Folgerichtig wurde das Weiden der Rinder auf den Hellern verboten – folgerichtig wurde aus den sonst von Naturschützern verteidigten Arealen für Wiesenbrüter jetzt Flächen mit einer „Hochstaudenvegetation". Natürlich brüten darin auch Vögel, aber eben keine gefährdeten Wiesenbrüter mehr.

Aus war es nach dem Ende der Beweidung mit Rindern auch mit den Futter-und Rastmöglichkeiten für die tausende von Zugvögeln: Kein geeignetes Futter, kein Schutz vor Füchsen und anderen Räubern. Stattdessen suchten Massen an Zugvögel in den folgenden Jahren im Frühjahr wie im Herbst ersatzweise im Binnenland die Getreide- und Rapsäcker sowie das Grünland der Landwirte heim. (Beweidete Heller gib es u. a. noch bei den wenigen Flächen, die im Privatbesitz sind).

Hatten die Heller in früheren Jahrzehnten eine bestimmte Ausdehnung erreicht und hatte der Boden über die Jahre durch Niederschläge an Salzgehalt verloren, so dass er in landwirtschaftliche Nutzung genommen werden konnte, wurde der Sommerdeich ersetzt durch einen neuen, viel höheren und sicheren Außendeich. Danach wurden ein Entwässerungssystem neu angelegt, Wege gebaut und schließlich neue Höfe errichtet.

Ende der 40iger Jahre war es wieder soweit: große Teile der bisherigen Leybucht konnten durch einen neuen Seedeich gesichert und Höfe in größerer Anzahl gebaut werden. Die Neubauern kamen vor allem aus zwei Gruppen: Es waren Flüchtlingsbauern und Deicharbeiter etwa je zur Hälfte. Die Anfangsjahre waren schwierig, denn natürlich waren nicht alle baulichen Vorbereitungen abgeschlossen, bevor die neuen Bauernfamilien einzogen. Viele Neubauern mussten deshalb für einige Jahre noch außerhalb ihres Hofes im Nebenerwerb Geld verdienen. Wie in Ostfriesland damals üblich waren die neuen Betriebe von ihrer wirtschaftlichen Ausrichtung her Gemischtbetriebe. Die Flächenausstattung lag um 15 ha je Hof. Da die Böden sehr fruchtbar waren (und immer noch sind) kamen die Bauernfamilien nach schwierigen Anfangsjahren gut zurecht. In der Zeit ständiger Getreideüberschüsse beendete die EU schließlich jegliche Neulandgewinnung.

GESCHICHTE DER FAMILIE

Soweit zu den Besonderheiten der Landschaften, in denen meine Eltern wirtschafteten und wir 4 Jungens mit den denkbar größten Freiheiten aufwuchsen. Meine Eltern, das waren Hauke-Margarete Ennenga (geb. 1912) und Onno Tjaden Poppinga (geb. 1905). Mein ältester Bruder – Rudolf – wurde 1936 geboren, der zweite – Ubbe Eduard – 1940, der dritte – ich, Onno-Hans – 1943 und der jüngste – Heye – 1951. Meine Mutter hatte auch auf Töchter gehofft; als sich die partout nicht einstellen wollten, versuchte sie, ausgerechnet mich einige Zeit als Mädchen zu erziehen: so schickte sie mich mit zwei Puppen ins Bett! Aber es war nur von kurzer Dauer.

Mich hat es bei meinen ersten Schritten in die „Familienforschung" durchaus überrascht, dass mein Nachname (soweit bekannt) nichts zu tun hat mit der langen Geschichte der Poppingas in Upgant (er ist der Hintergrund der Familie meiner Mutter), sondern dass er über die Familie meines Vaters aus dem Dorf Hinte in der Krummhörn stammt.

Mein Bruder Rudolf, der sich wie viele Ostfriesen – wenn sie älter geworden sind – für die Familiengeschichte interessierte, hat so manchen Nachmittag über den Kirchenbüchern in Hinte zugebracht, um mehr zu erfahren. Seine Suche endete abrupt, als er auf einen Doppelmörder mit Namen Poppinga stieß (ich bin mir allerdings unsicher, ob es sich dabei um Geschichte oder um ein Döneke handelt).

Ein Poppinga aus Hinte, Schuster von Beruf und Witwer, heiratete dann Mitte des 19. Jahrhunderts eine Hofbesitzerin und Witwe im Dorf Bedekaspel (das liegt südlich eines flachen Gewässers im westlichen Ostfriesland, das „Großes Meer" genannt wird). Die Familie hatte zahlreiche Kinder. Einer der Söhne wurde Humanmediziner, ein anderer Lehrer, ein dritter – mein Großvater Rudolf Poppinga – übernahm als Pächter ein „Gut Middels" beim Dorf Middels (östlich von Aurich). Dort geschah es auch, dass In den letzten Monaten des ersten Weltkriegs die Mutter meines Vaters an einer Lungenentzündung verstarb. Die Familie hatte damals fünf Kinder (Großvater heiratete danach – wie es damals durchaus häufiger vorkam – die jüngere Schwester seiner verstorbenen Frau).

Als Gut Middels verkauft wurde, pachtete der Großvater den Hof in Upgant. Nach wenigen Jahren zog er weiter auf einen Pachthof in Süderneuland und meine Eltern übernahmen den Hof in Upgant. Großvater Rudolf Poppinga war sehr an neuer Technik interessiert und kaufte schon vor dem 2. Weltkrieg einen Traktor der Firma „Hanomag". Wir haben diesen blauen „Bulldog" als Kinder sehr bestaunt, wenn er gelegentlich bei uns beim Mistfahren aushalf.

Großvater Poppinga war ein wirtschaftlich sehr erfolgreicher Bauer. Als er und meine Oma sich im Nachbardorf Marienhafe eine „Villa" bauten und sich „zur Ruhe" setzten, konnte er sein neu gebautes, sehr schönes Einfamilienhaus bar bezahlen. Sein Nachfolger (Helmut Burchard) hat Tante Hedwig – die jüngste Tochter – geheiratet. Onkel Helmut stammte aus Schlesien, hatte Soldat werden müssen (Marine) und blieb nach Kriegsende „im Westen". Er hatte lange Zeit als „junger Mann" (das war so etwas wie der verantwortliche Vertreter des Bauern) bei meinem Großvater gearbeitet und war ebenfalls wirtschaftlich sehr erfolgreich. Es gelang ihm schließlich sogar, den bisherigen Pachthof zu kaufen.

Onkel Helmut war übrigens der Einzige aus unserer Familie, der sich für die „Theelacht" interessierte. Von der Theelacht wird behauptet, sie sei die älteste Genossenschaft Europas. Sie geht zurück auf einen Kampf zwischen Friesen und Wikingern (Normannen), die in der Mitte des 9. Jahrhunderts Teile Ostfriesland besetzt hatten und die Einheimischen zu Sklaven machen wollten. Im Jahr 884 n. Chr. kam es zu einem erfolgreichen Aufstand, („Leeve dot as Slav") und die Wikinger wurden getötet oder vertrieben.

Diejenigen überlebenden Friesen, die an den Kämpfen teilgenommen hatten, nahmen sich das zuvor von den Wikingern besetzte Land und nutzten die Eigentumsrechte für die Flächen kollektiv als Theelacht. Anfangs waren das weit über 1.000 ha; sie befanden sich nordöstlich der Stadt Norden. Nachdem das Land erst in Eigenwirtschaft genutzt worden war, wurde es später verpachtet. Durch Schenkungen und Verkäufe reduzierte sich der Besitz der Theelacht schließlich auf gut 400 ha. Es war nun wohl weniger das Pachtgeld, sondern wohl eher die Zeremonien, die die Theelacht umgaben und eine Mitgliedschaft interessant machten. Ursprünglich gab es als Mitglieder nur die „Arfburen". Das sollen die Nachfahren der Familien sein, die an den historischen Kämpfen beteiligt waren. Vererbt wurden die Anteile im Todesfall nach „sächsischem Recht"; das hieß, keine Berücksichtigung von Frauen in der Erbfolge. Weil es im Laufe der Jahrhunderte auch vorkommen konnte, dass ein „Arfbur" kinderlos blieb (oder in wirtschaftliche Not geriet), konnte dessen Anteil auch durch Kauf erworben werden. Der neue Eigentümer war dann ein „Koopbur"; er hatte aber weniger Rechte wie ein „Arfbur". Die Treffen der Theelaacht finden seit Jahrhunderten im gleichen Raum im Alten Rathaus in der Stadt Norden statt („Theelacht-Stube"). Eine sehr alte eigene Tradition; eine besondere Mitgliedschaft; eine eigene Räumlichkeit; ein eigenes Wappen; weiße Tonpfeifen, in denen nur während einer Versammlung geraucht werden durfte und noch einiges mehr machten aus der „Theelacht" ein offenbar interessantes Konstrukt.

Meine Eltern haben 1934 geheiratet. Photos zeigen sie als schlankes und elegantes Paar (siehe Einband). Meine Mutter war und blieb über viele Jahr trotz der vielen Arbeit eine gertenschlanke Frau mit einem Körpergewicht von etwa 60 kg. Erst nach der 3ten Geburt nahm sie als Folge einer damals in der Schwangerschaft nicht richtig erkannten oder nicht richtig behandelten Leberentzündung („Gelbsucht") deutlich an Gewicht zu. Das war für sie ein Problem, das mit höherem Alter noch stark zunehmen sollte. So schlank sie auch lange war: Wie bei allen Menschen, die täglich mehrere Kühe „von Hand" melken, entwickelte sich eine sehr kräftige Muskulatur am Unterarm. Damit hing es wohl auch zusammen, dass viele erfolgreiche Amateurboxer in den 20iger und 30iger Jahren im Hauptberuf Profi-Melker waren („Schweizer" genannt).

Das Leben der Eltern wie das von uns Kindern wurde bald danach ganz massiv durch den Krieg bestimmt. Vater musste 1941 Soldat werden (eingezogen zum „Heimatpferdelazarett Fürstenwalde"). Seine vierjährige Zeit als Soldat verbrachte er als Pferdesanitäter und Futtermeister. Für die tausende Hafersäcke, die er schleppte, die tausende Carbolverbände, die er kranken Pferde anlegte, machte er immerhin „Karriere" vom Gefreiten zum Obergefreiten.

Vater hat es immer verstanden – nach eigener Aussage –, „nie auf Menschen zu schießen". Von der Einheit, in der er war, die lange Zeit zur Partisanenbekämpfung in den Prypjat-Sümpfen eingesetzt wurde, wurden aber all die Verbrechen begangen, die den Krieg gegen die Sowjetunion kennzeichneten: bei Gefangennahme sofortige Erschießung aller Kommissare, nach Verhör Tötung aller gefangengenommenen Partisanen, Männer wie Frauen. Dabei fiel immer der Name eines Hauptwachtmeisters, der diese Mordtaten jeweils befahl oder selbst durchführte.

Nach dem Rückzug der Einheiten Richtung Ostpreußen ereignete sich ein Vorfall, der so in keinem Kriegstagebuch stehen dürfte. Der Kavallerieeinheit, der auch mein Vater angehörte, wurde befohlen, nach Warschau zu marschieren und sich dort an der Niederkämpfung des Aufstandes der polnischen Heimatarmee zu beteiligen. Die Offiziere weigerten sich, dem Befehl Folge zu leisten, da sie den Einsatz von Kavallerie im Häuserkampf als sinn- und aussichtslos sahen und versteckten die Schwadron in polnischen Dörfern. Sie wurden dort aber aufgespürt von zwei „Kettenhunden" (Deutsche Militärpolizisten). Damit die Befehlsverweigerung nicht bekannt werden konnte, erschoss besagter Hauptwachtmeister auch diese beiden deutschen Soldaten und ließ die Leichen vergraben. (Ich meine mich zu erinnern, dass in einer Militärgeschichtsschreibung auch von einer ungarischen Kavallerie-einheit berichtet wurde, die den gleichen Befehl erhielt, ihn auch verweigerte und sich nach Ungarn absetzte.)

Von Ostpreußen (aus der Nähe von Goldap und Gumbinnen) wurden die Kavallerieeinheiten im Herbst 1944 vor Beginn der dortigen schweren Kampfhandlungen auf die Bahn verladen und quer durch Polen und die Tschechoslowakei nach Ungarn in die Nähe des Balaton verlegt (Der Balaton ist ein sehr großer, flacher Binnensee im westlichen Ungarn). Dort sollten sie durch „mobiles Vorgehen" die lückig gewordene Front sichern.

Nach dem Untergang der von der Waffen-SS verteidigten „Festung Budapest" flüchtete sich die Kavallerie-Einheiten in Richtung Österreich. Um schnell voranzukommen, entledigte man sich unterwegs aller Waffen (Panzerfäuste, Maschinengewehre, Granatwerfer) und warf sie in irgendwelche Abgründe. In der Nähe von Linz erfolgte dann die Gefangennahme durch amerikanische Einheiten.

Danach sonderten die US-Soldaten alle „Hilfswilligen", die Dienst bei der deutschen Kavallerie getan hatten, ab. Es handelte sich bei ihnen um ehemals sowjetische Soldaten, die, vor die Wahl gestellt, zu verhungern oder bei der NS-Armee mitzumachen, sich für letzteres entschieden hatten. Man nannte sie auch "Wlassow-Soldaten", benannt nach dem ehemals sowjetischen Generalleutnant Andrei Andrejewitsch Wlassow, der nach seiner Gefangennahme bereit war, Einheiten aus gefangen genommenen sowjetischen Soldaten auf Seiten der NS-Truppen zu kommandieren und einzusetzen. Entsprechend den Vereinbarungen zwischen den vier Alliierten mussten diese nach ihrer Gefangennahme an die sowjetische Armee übergeben werden. Viele der früher sowjetischen Soldaten versuchten zu fliehen, drohten ihnen doch Lager in Sibirien.

Für die deutschen Soldaten erfolgte dann der Abtransport unter Bewachung in die Stadt Aalen in Württemberg. Kaum dort angekommen, wurde von den deutschen Offizieren ein letzter Apell angesetzt – und zum Erstaunen der amerikanischen Soldaten noch ein kleines Reitturnier durchgeführt! (Völlig verrückt, als wenn der Krieg ein Spaß gewesen wäre!) Dann erfolgte die Auflösung der Einheiten und Auslieferung der Pferde an die örtlichen Bauern. Alle Pferde? Verbinde ich Berichte über die Soldatenzeit des später sehr berühmten Springreiters Fritz

Tiedemann mit der Militärgeschichte meines Vaters, so könnte es sein, dass Tiedemann – der ebenfalls bei der Kavallerie war – die zwei Pferde „stiebitzte", die ihn im Krieg begleitet hatten, und mit ihnen von Aalen bis zum heimatlichen Holstein ritt! Da die Elbbrücken zerstört waren, muss er irgendwo mit seinen Pferden über die Elbe geschwommen sein (für die Kavallerie keine ganz ungewöhnliche Übung).

Und wie ging es weiter mit den gefangenen Soldaten in Aalen? Wie ein Wunder erfolgte keine Gefangenschaft, sondern das Austeilen der Entlassungspapiere. Nach Aussage meines Vaters hing das auch damit zusammen, dass seine Einheit kein Hakenkreuz an Uniform oder Uniformmütze trug. Das wiederum hatte seine Ursache darin, dass schon im „100.000 Mann-Heer" der Weimarer Republik die Kavallerieeinheiten aus Gründen der „Traditionspflege" die Abzeichen kaiserlicher Kavallerieeinheiten an ihren Uniformen trugen; bei der Einheit meines Vaters war das der „Schwedt'sche Adler".

Dann ging es – alleine oder in kleinen Gruppen – von Aalen überwiegend zu Fuß zurück nach Hause. Ein befreundeter Bauer (Uphoff in Georgsheil) lieh ihm für die letzte Strecke ein Fahrrad. Als meine Mutter ihn an einem Tag Ende Mai 1945 singend die Auffahrt hochkommen hörte („Reserve hat Ruh"), wusste sie nach mehrjähriger Ungewissheit, dass er überlebt hatte und auch nicht verletzt war (als körperliche Schwäche hatte er aus dem Krieg eine große Empfindlichkeit gegen Rippenfell- und Lungenentzündungen mitgebracht).

Wenn man nur die engste Familie betrachtet, war die Zahl derjenigen, die als Soldaten im Krieg umgekommen sind, enorm hoch: von meiner Mutter beide Brüder, von meinem Vater ebenfalls zwei von drei Brüdern. Einer – Onkel Hinrich– musste nicht Soldat werden wegen Kinderlähmung. (Er machte später Karriere und wurde zum Leiter einer Raiffeisenbank).

An den Eltern und Großeltern haben wir Kinder, so lange sie lebten, immer wieder die Zerstörungen ihrer Familien durch den Krieg vor Augen gehabt. Die Großeltern zogen bis zu ihrem eigenen Tod nie die schwarze Trauerkleidung aus. Bei bestimmten Liedern im Radio war sofort alles wieder da. „Bei unter der Laterne, vor dem großen Tor…"

wurde erinnert an Erzählungen der Söhne als Soldat in der Heimat-
kaserne, bei „Steht ein Soldat am Wolgastrand..." gab es nur tiefes
Schluchzen und hemmungsloses Weinen (Wie oft habe ich den NDR
verflucht, der dies Lied bei jedem „Wunschkonzert" abnudelte).

Soweit mein Vater und seine Zeit im Krieg. Für meine Mutter bedeu-
teten die Kriegsjahre, dass sie viel mehr Lasten und Entscheidungen
tragen musste wie zuvor. Große Unterstützung hatte sie durch ihren Vater, der auch in Upgant wohnte. Er hatte sich mit seiner Frau schon aufs
„Altenteil" begeben, musste mit Beginn des Krieges aber wieder für den
Fortgang der Wirtschaft auf den Höfen seiner Söhne sorgen (ein eigener
und ein gepachteter Hof) und eben auch für den Hof meiner Eltern.

Um die ausgefallenen Arbeitskräfte zu ersetzen, wurde von der
NSDAP ein französischer Kriegsgefangener (Leo) und – später – zwei
Zwangsarbeiterinnen aus der Ukraine (Tamara und Nooste) dem Hof
meiner Eltern zugewiesen, anfangs alles unter bedrückenden Um-
ständen. Die „Fremdarbeiter" sollten gesondert von den anderen essen
und auch nur eine karge Versorgung erhalten; jeden Abend mussten sie
zurück ins Lager in Marienhafe. Bezüglich Essen konnte meine Mutter
sich recht schnell beim zuständigen Wachtmeister durchsetzen: „Die
müssen hier tüchtig arbeiten, dann müssen sie auch tüchtig was zu essen
bekommen"; sie aßen am gleichen Tisch wie die anderen.

Bezüglich der Lebensmittelversorgung im Krieg war unser Hof –wie
alle anderen auch – weitestgehend auf Selbstversorgung ausgerichtet.
Nur beim „Karen" (Zentrifugieren der Milch, um den Rahm abschöpfen
und Butter machen zu können) und beim „Schwarzschlachten" musste
mit großer Vorsicht vor der NS-Obrigkeit vorgegangen werden, da
beides streng verboten war. Wer erwischt wurde, konnte schwer bestraft
werden bis hin zu Todesurteilen.

Bei Kontrollen wurde nicht nur nach „schwarz" hergestellter Butter
gesucht, sondern auch nach Gerätschaften, die man für die Herstellung
von Butter benötigte. Die waren den Bauernhöfen als Teil der frühen
Kriegsvorbereitung nämlich schon Ende der dreißiger Jahre
weggenommen worden. Ein Bauernhof hat aber viele Winkel und Ecken,

in denen man was verstecken kann. So wurde auch das Motorrad meines Vaters, versteckt unter einem Heuhaufen, nicht gefunden.

Wenn man dicht zusammen arbeitet, kommt man sich näher. Ein Problem hätten wohl erotische Beziehungen werden können, die sich zwischen Leo und einer Magd anbandelten. Wäre das, was streng wegen angeblicher „Rassenschande" verboten war, bekanntgeworden, hätte es für die beiden schlimm enden können.

Im Winter 1944/45 wurde unser Hof – wie viele andere auch – von der Wehrmacht für Einquartierungen benutzt. Es waren überwiegend sehr junge Soldaten, viele fast noch Kinder. Hatte meine Mutter schon zuvor viele „Mäuler stopfen" müssen, so vervielfachten sich die Mengen an Essen, die hergestellt werden mussten. Für Suppen und Eintöpfe wurden die Waschkessel benutzt.

Da den alliierten Fliegern offenbar die Einquartierungen nicht verborgen geblieben waren, kam es wiederholt zu Tieffliegerangriffen. In so einem Fall mussten alle – natürlich auch ich als Kleinkind – in die Erdbunker. Bombenangriffe gab es ebenfalls, aber nicht gezielt auf einen Hof, sondern weil die Bomberpiloten bei schlechter Sicht glaubten, schon über der Stadt Emden zu sein. Emden war Standort von Werften und U-Boot-Bunkern.

In einem Fall waren meine beiden älteren Brüder einer Gruppe von Soldaten gefolgt, die bei einem Angriff britischer Flieger Schutz an den Mauern der Gaststätte „Nordstern" suchten. Meine Mutter war in fürchterlichen Ängsten. Daraufhin entschied eine der beiden Zwangsarbeiterinnen, die Kinder zu suchen und nach Hause zu holen. Sie ging fest davon aus, dass die britischen Piloten in ihren „Lightnings" wüssten, dass sie keine „Germanski" sei und nicht auf sie schießen würden. Wie durch ein Wunder kamen sie und meine beiden Brüder unverletzt nach Hause.

Die jungen Soldaten wurden später von ihren Offizieren beim Ort Rorichum (gelegen an der Ems zwischen Leer und Emden) gegen die anrückende 1. polnische Panzerdivision in den Kampfeinsatz gebracht. Kaum einer überlebte.

Nachdem im Nachbardorf Marienhafe die Bürger gegen das Geschrei der NS-Funktionäre drei „Panzersperren" aus Baumstämmen kurz vor Eintreffen der polnischen Verbände abgeräumt hatten, war die politische Herrschaft des Nationalsozialismus in unserem Dorf zu Ende. Angstvolle Momente erlebte meine Mutter trotzdem einige Tage später, als eine Menschengruppe aus ehemaligen Zwangsarbeitern die Auffahrt zu unserem Hof hochkam. Die Angst löste sich aber schnell auf, als Nooste und Tamara sich von der Gruppe lösten und fragten: Alle hätten Hunger, ob sie etwas zu essen bekommen könnten. Nichts war leichter als das. Tamara und Nooste wohnten übrigens bis zur Rückfahrt in ihre Heimat bei uns und übernahmen auch weiter ihre gewohnten Arbeiten.

Die Angst kam daher, dass es zuvor auch Diebstähle und Misshandlungen von Bauern auf Höfen gegeben hatte. Da man die Betriebe kannte, auf denen das passiert war, wurde das mit der Vermutung verknüpft, dass es sich dabei um Rache der Zwangsarbeiter bzw. Zwangsarbeiterinnen an frühere Peiniger gehandelt habe könnte. Später wurde erzählt, das Schiff, mit dem auch Nooste und Tamara nach Hause zurückgebracht werden sollten, sei in der Ostsee auf eine Mine gelaufen und gesunken. Ob das wirklich so war, blieb aber unbestimmt.

Mit der Rückkehr meines Vaters endete für meine Mutter auch die durch den Krieg bedingt Leitung des Hofes und die Vertretung des Hofes „nach Außen". Sie erzählte oft, dass sie darüber sehr froh gewesen sei. Bei einer Kusine meines Vaters, die auf einem Hof in Schleswig-Holstein lebte, war das anders. Sie hatte so viel Freude am Pflügen gefunden, dass sie das auch nach der Rückkehr ihres Mannes beibehielt. Bei den schweren Böden ihres Hofes hieß das sogar, nicht nur zwei, sondern drei schwere und starke Pferde vor den Pflug spannen!

Wie alle Höfe erlebte auch unserer ab Mai 1945 eine große Zahl an Einquartierungen von Flüchtlingen. Als mein Vater Ende Mai nach Hause kam, lebte unsere Familie in einem Raum („Groot Stuuv"). Die meisten Flüchtlinge bei uns kamen aus Schlesien; manche Familien zogen nach wenigen Wochen weiter, andere blieben, bis die Gemeinde Marienhafe Anfang der 1949/50 mit dem Bau einer „Flüchtlings-siedlung" begann; von manchen Einheimischen durchaus kritisiert, weil die neuerbauten Häuser natürlich besser waren als viele der alten. Aber so ist es leider: Flüchtlinge haben es überall und zu allen Zeiten schwer, Fuß zu fassen.

Obwohl ich noch ein Kleinkind war, ist mir ein Ereignis besonders im Gedächtnis haften geblieben: Zwei Mädchen, die mit ihrer Mutter in unserem Nachbarhof einquartiert waren, waren beim Spielen mit anderen Kindern auf dem Eis eingebrochen und ertrunken. Es waren die ersten Toten, die ich gesehen habe. Sie gehörten der katholischen Kirche an, waren aufgebahrt in schwarzen Kleidern mit weißen Spitzen und einer Kerze in den geschlossenen Händen.

Es war in der ostfriesischen Kultur normal, dass auch Kinder an ein Totenbett geführt wurden. Dazu trug bei, dass – bis zum Bau einer „Leichenhalle" – die Verstorbenen regelmäßig zwei bis drei Tage zu Hause aufgebahrt wurden. Dort konnten Verwandte und Freunde am offenen Sarg Abschied nehmen. Da der Weg vom Totenhaus zum Friedhof Kilometer betragen konnte, gab es Regelungen, welcher Bauer für welche Familien im Falle der Beerdigung den Sarg mit einem Leiterwagen und herausgeschmückten Pferden zum Friedhof fuhr.

Dieses „Netz" aus Nachbarschaften gab es übrigens nicht nur für Beerdigungen, sondern auch für andere Angelegenheiten (etwa, dass jeder, der ein Schwein geschlachtet hatte, etwas Wurstsuppe und einige Würste an die anderen „im Netz" weitergab – in einer Zeit vor der allgemeinen Verbreitung von Kühl- bzw. Gefrierschränke eine sehr hilfreiche Regelung). Es war normal, Wöchnerinnen „im Netz" mit Lebensmittel zu unterstützen.

Mein Leben als Jugendlicher wurde nachhaltig beeinflusst von Opa Glaubitz, einem älteren Bauern aus Schlesien, der mit Tochter und Enkel mehrere Jahre bei uns wohnte. Er war ein starker Pfeifenraucher, und weil Tabak lange Zeit nicht zu bekommen war, baute er in unserem Garten (im nördlichen Ostfriesland, mit viel salzhaltiger Nordseeluft und eher wenig Sonne !!) selber Tabakpflanzen an. Von der Ernte erhielt mein Vater auch einige Päckchen, die er – obwohl Pfeifenraucher, der aber immer nur „paffte" – trotzdem nicht rauchen mochte. Zu scharf und bitter war dieser „Schwarzer Krauser". Als ich dann mit meinen

Freunden auch in das Alter kam, in dem man unbedingt das Rauchen probieren wollte, stibitzte ich vom nicht genutzten „Opa Glaubitz Tabak" ein Päckchen. Voll großer Erwartung drehten wir uns mit Hilfe von Zeitungspapier je eine Zigarette, zündeten sie erwartungsvoll an und zogen „über Lunge". Die Folgen waren so einschneidend und grausam (Erbrechen, Schwindel, Bauchweh), dass ich mein Leben lang vom Rauchen verschont geblieben bin. Ein Hoch auf Opa Glaubitz!

Nicht nur für Flüchtlinge waren gerade die ersten Jahre nach dem Krieg eine schwer zu bewältigende Zeit, für die „Hamsterer" war es nicht viel besser. Sie mussten sich mit Sack oder Koffer, oft noch mit der Bahn, aufmachen, bei Bauern und Bäuerinnen vorsprechen und Lebensmittel gegen Wertgegenstände oder kurzzeitige Mitarbeit einzutauschen. War das gelungen, liefen sie Gefahr, dass ihnen die Lebensmittel bei der Rückfahrt gestohlen oder von der Polizei konfisziert wurden. „Hamsterer" zogen auch in Ostfriesland über die Dörfer. Es waren wegen der verkehrsfernen Lage vermutlich eher wenige, die ihren Tauschhandel auf der ostfriesischen Halbinsel versuchten. Im Haushalt meiner Eltern fanden sich zwei Bestecke (einmal aus Silber, einmal mit Griffen aus Bein), die das bleibende Ergebnis solcher ungleicher Tauschhandlungen waren. Es war eine Epoche, die einiges an Bitterkeit zurückgelassen hat. Als Erzählungen auf den Höfen sind so einige „Witze" zurückgeblieben, in denen es um die Hilflosigkeit von Menschen der „besseren Gesellschaft" beim Hamstern ging; Geschichten beispielsweise vom Studienrat, der mithelfen wollte, aber schon völlig überfordert gewesen sei bei der Aufgabe, kleine Kartoffeln von großen zu trennen. Die „bessere Gesellschaft" wiederum rächte sich über das, was sie als Demütigung erlebt hatten, mit endlosen Erzählungen wie die von den Perserteppichen, die damals in jedem Kuhstall zu finden gewesen sein sollen. Das „Stadt-Land-Verhältnis" bekam für viele Jahre eine zusätzliche schillernde Note.

Wie es so ist im Verhältnis zwischen Flüchtlingen und Einheimischen – es sind vor allem die Flüchtlinge, die sich anpassen müssen. Anfangs wurden sie – da sie ja nichts mehr hatten und Zeit verging, bis die

Gemeinde eine (geringe) finanzielle Unterstützung organisieren konnte – vom Hof mitversorgt. Soweit es möglich war, halfen sie ihrerseits bei der Arbeit mit.

Am schnellsten stellten sich natürlich Kontakte zwischen Kinder her; Kinder sind nicht „vorbelastet". Sehr viel länger dauerte es, bis auch Jugendliche „beiderlei Geschlechts" Kontakte miteinander aufnehmen durften. Oft waren da die Eltern der Einheimischen dagegen. Aber wie das so ist bei jungen Männern und Frauen; bald „gingen" die ersten miteinander, bald entwickelten sich Liebesbeziehungen. Letztlich entstanden auch viele Ehen (von denen, die das anhaltend skeptisch sahen, wurde spöttisch von „notwendiger Blutauffrischung" gesprochen).

Aber auch in anderen Zusammenhängen sorgten die Flüchtlinge für „Auffrischung", beispielsweise bei den Pilzen: Pilzsammeln war in Ostfriesland nicht sehr populär (nicht einmal Champignons wurden gesammelt). Bei Menschen aus Schlesien war das Sammeln von Pilzen und Wildfrüchten dagegen Teil ihrer DNA! Dementsprechend durchstromerten sie die Gegend, sammelten neben Pilzen, Brombeeren und Holunder auch zahlreiche Wildkräuter für Teemischungen.

Gleich in den ersten Jahren nach dem 2. Weltkrieg setzte auch das Nachlesen von Ähren auf den Getreideäckern ein. Waren die Getreidegarben gebunden und in Hocken zusammengestellt, ging man los und sammelte die auf dem Boden liegenden Ähren auf. Natürlich gab es darüber auch immer wieder Streitereien.

In all diesen Jahren blieb der Krieg immer noch sehr gegenwärtig; einmal, weil viele Soldaten nicht als „gefallen", sondern als „vermisst" gemeldet waren. Das galt für die Einheimischen wie für die Flüchtlinge; zum anderen, weil immer wieder Verwandte aus langer Gefangenschaft heimkamen – so auch mein Onkel Frerich, der nach Jahren der Kriegsgefangenschaft in der Sowjetunion Ende der 40iger Jahre entlassen worden war und mit der Bahn nach Marienhafe gelangte. Mein Vater holte ihn dort mit dem Einspänner ab, weil er wohl ahnte, wie geschwächt sein Schwager sein mochte.

Als er dann bei uns Station machte, um sich endlich baden und neu einkleiden zu können, meinte meine Mutter entsprechend ihrem Naturell, sie müsste ihm gleich ein kräftiges Essen vorsetzen, damit er „wieder auf die Beine" käme. Gott sei Dank hatte unser Hausarzt Doktor Schomerus von dem Heimkehrer gehört und – weil er die Reaktion meiner Mutter vorhersah – sich gleich aufs Motorrad geschwungen.

Er schob das Essen, das meine Mutter vorbereitete, gleich zur Seite mit der Aussage „Wills Du ihn umbringen?" Das einzige Gericht, das der Onkel über viele Tage zu sich nehmen durfte, war die ostfriesische Spezialität „Karmelk Bree" (Buttermilchbrei mit gekochter Hafergrütze und einem Klecks Sahne). Onkel Frerich wurde am nächsten Tag von meinen Eltern mit der Kutsche zu seinem Hof nach Bedekaspel gebracht, dick eingemummt in Pullover und Decken. Er brauchte viele Wochen, um wieder sein normales Gewicht und seine frühere Kraft zu erreichen. Er blieb meiner Erinnerung nach – ich habe viele Ferienwochen bei seinem mir gleichaltrigen Sohn verbracht – ein immer verständnisvoller, aber schweigsamer und zurückhaltender Mann.

Wegen der vielen toten, vermissten oder noch in Gefangenschaft befindlichen Angehörigen gab es (zumindest in Anwesenheit von uns Kindern) bei den regelmäßigen Familientreffen nie ein Schwadronieren oder gar Glorifizieren über den Krieg, über all die angeblich so tollen Erlebnisse – die Toten und Vermissten waren immer irgendwie gegenwärtig. Was erzählt wurde, waren eher Erfahrungen, wie man sich das Leben im Krieg erleichtern konnte. So pflegte mein Vater bildhaft zu beschreiben, warum er im Krieg so oft die Religion „gewechselt" habe. Begründung: Auch feindliche Soldaten wurden von der einheimischen Bevölkerung weniger ablehnend behandelt, wenn sie der eigenen Religion angehören.

Der Krieg war immer da, als Trauer um die vielen toten Angehörigen. Ich kann mich aber auch nicht erinnern, dass je im Zusammenhang mit dem Krieg und den ihm vorhergegangenen sechs Jahren Naziherrschaft Fragen aufkamen wie „Wie war das eigentlich möglich?" Es blieb auch sehr lange unausgesprochen, welche Angehörigen der Familie sich in jener Zeit wie politisch verhalten hatten.

Nicht mal über das KZ Engerhafe, das kaum mehr als fünf Kilometer von Upgant entfernt im Oktober 1944 eingerichtet wurde und dessen Häftlinge unter fürchterlichen Bedingungen einen Panzergraben um die Stadt Aurich ausheben sollten, war je die Rede (das KZ wurde Ende Dezember 1944 wieder aufgelöst; in diesen wenigen Wochen starben 188 Menschen, vor allem durch Verhungern). Wir hatten sogar Verwandtschaft in dem Dorf, aber es war nie die Rede von den schrecklichen Vorgängen.

Ein besonderes „Kapitel" in der Familie war auch ein (sehr) entfernter Verwandter, Walter von Schwichow. Er hatte in Leipzig Landwirtschaft studiert und hatte sich als Student den Nationalsozialisten angeschlossen. Wenn ich mich recht an seine Erzählungen erinnere (ich habe vor seinem Tod zwei Gespräche mit ihm führen können), erfolgte sein Bruch mit der NSDAP, als er nach einer Verurteilung wegen eines politischen Vergehens in „Festung" einsaß. Politische Gefangene kamen in der Weimarer Republik nicht ins Gefängnis oder ins Zuchthaus, sondern „auf Festung" (meistens war das tatsächlich eine alten Militäranlage, ein altes Ford o. ä.). Die Haftbedingungen waren da durchaus großzügig. Manchmal wurde behauptet, es wären so etwas wie politische Hochschulen gewesen. „Auf Festung" saßen – entsprechend der politischen Ausrichtung der deutschen Richterschaft – vor allem Verurteilte „der Linken". Die hätten ihn aufgeklärt, wohin der Kurs der NSDAP führen würde: „Wer Hitler wählt, wählt den Krieg".

Nach seiner Entlassung und Hinwendung zur KPD wurde er als „Agraragitator" nach Ostfriesland geschickt und erlebte dort zahlreiche Saalschlachten. 1933 wurde er verhaftet und zu 6 Jahre KZ-Haft verurteilt (KZ Sachsenhausen). Da es im KZ keinen Arzt gab, Walter von Schwichow aber im Landwirtschaftsstudium „Tierheilkunde" gelernt hatte, machte ihn der KZ-Kommandant zum „Chefsanitäter".

Nach dem Krieg wurde er als Antifaschist von der englischen Besatzungsmacht zum „Agrarkommissar für Ostfriesland" ernannt. In dieser Funktion hatte er für kurze Zeit erheblichen Einfluss bei allem, was mit der Landwirtschaft zu tun hatte. Das muss den sehr konservativen Landwirten an der Spitze der wieder gegründeten

Zuchtverbände und dem aus der NS-Zeit übernommenen „Reichs-nährstand" sehr schwer gewesen sein, seine Autorität zu akzeptieren. Als die ersten Parlamentswahlen durchgeführt waren und konservativ-sozialdemokratische Mehrheiten das Ergebnis waren, wurde er – wie er es selber erwartet hatte – sofort entlassen.

Walter von Schwichow war auch beteiligt an der Errichtung einer landwirtschaftlichen Siedlung auf der „Knock", nordwestlich von Emden. Die Flächen waren in den Jahrzehnten zuvor mit viel Arbeit vom Meer zurückgewonnen worden, waren eingedeicht und konnten besiedelt werden. Die Siedlung bestand aus relativ kleinen Höfen (etwa 5 ha), die sehr gut geeignet für Gemüsebau waren und auch darauf ausgerichtet wurden. Um dem Ganzen eine eigenständige wirtschaft-liche Struktur zu geben, war auch eine Konservenfabrik („BOB") in die Siedlungsmaßnahme integriert. Später wurde ein Teil der Flächen für den Bau des VW-Werkes in Anspruch genommen.

Eine Tat, auf die er noch nach Jahrzehnten sehr stolz war, war, dass er unmittelbar nach Kriegsende etwas gegen den durch den Krieg bedingten Mangel an Bullen bei Bauern der SBZ unternehmen konnte. In Kooperation mit dem Zuchtleiter des ostfriesischen Zuchtverbandes Dr. Köppe – der selbst von einem Zuchtbetrieb im Dorf Fischbeck stammte, ein Dorf, das nach 1945 in der SBZ lag – wurden von ostfriesischen Züchtern Bullen gekauft und diese mit LKWs an die Demarkationslinie gefahren. Dort wurden sie abgeladen und über die Grenze zu dort bereits wartenden Züchtern hinübergetrieben. Die sowjetischen Wach-soldaten waren zuvor eingeweiht worden (Jahrzehnte später wurde mir die Geschichte erneut erzählt, aber von Menschen auf der damals „anderen Seite").

In den 1950er Jahren war Walter von Schwichow bis zu dessen Auflösung Mitglied im „Gesamtdeutscher Arbeitskreis für Land- und Forstwirtschaft". Schon der Name drückte aus, dass der Arbeitskreis eine Funktion hatte für die Politik der DDR zu Beginn der 50iger Jahre, als die Werbung für nationale Einheit Deutschlands (ohne Erfolg) gegen die Politik der ausschließlichen Westbindung des Bundeskanzler Adenauer gesetzt wurde.

Obwohl Walter von Schwichow für einige Jahre auch in Marienhafe wohnte – ein Sohn arbeitete dort als Rechtsanwalt – und obwohl wir entfernt verwandt waren: Über Walter von Schwichow wurde entweder gar nicht oder brummelig geredet. Allerdings mag dazu auch beigetragen haben, dass er eine Anweisung der britischen Besatzungsmacht umsetzen musste, die bei den Bauern sehr unbeliebt war: Um die Versorgung mit Brotgetreide zu verbessern, mussten die Bauern einen bestimmten Anteil ihrer Grünlandflächen umpflügen und auf dem so zusätzlich gewonnenem Ackerland Getreide anbauen. Unbeliebt war diese Maßnahme deshalb, weil es sich bei Grünland damals immer um „altes" Grünland handelte, eine Nutzungsform, die die Bauern wie eine Kostbarkeit hegten und pflegten. Es dauert viele, viele Jahre, bis eine Neuansaat von Grünland wieder die Qualität „alten Grünlandes" erreichen kann (Pflanzenzusammensetzung, Durchwurzelung, Anpassungsfähigkeit an wechselnde Klimabedingungen).

So waren die Nachkriegsjahre: Weder in der Familie noch in den Lokalzeitungen („Norder Kurier" und „Ostfriesenzeitung") noch im Rundfunk gab es Versuche, Fragen zur NS-Zeit überhaupt zu stellen, geschweige denn, sie zu beantworten. Stattdessen boten die Heftchenverkäufer den „Landser" oder die „Deutsche Soldatenzeitung" an, mit der „Sozialistischen Reichspartei" etablierte sich schon Anfang der 50iger Jahre eine Neo-Nazipartei. Nach deren Verbot übernahm die Deutsche Partei (DP) nicht nur das NS-Erbe, sondern war beteiligt an der Landesregierung in Hannover.

Im Dorf Upgant erreichte bei der ersten Gemeinderatswahl 1948 die SPD die meisten Stimmen und stellte den Bürgermeister (Harm Ihnen, von Beruf Maurer). Mit der NLP und der FDP kamen aber auch gleich zwei weit rechts stehende Parteien in den Gemeinderat (vor allem die FDP war in der Frühzeit der Bundesrepublik eine weit rechts stehende und keineswegs wie viele Jahre später eine liberale Partei). Die KPD kam dagegen nicht in den Gemeinderat; es fehlten einige wenige Stimmen. Auch ein entfernter Verwandte, der Landwirt Ludwig Leerhoff, der für die KPD angetreten war, schaffte den Einzug nicht.

Weitestgehend blieben die alten Eliten der NS-Jahre auch die neuen Eliten der Bundesrepublik. Daran änderten auch die von den Besatzungsmächten angeordneten Internierungsmaßnahmen von ehemaligen Funktionsträgern der NSDAP sowie die „Entnazifizierung" wenig. Die Verfahren gegen Kriegsverbrechen und Morde, die im Norden Deutschlands von der Britischen Besatzungsmacht durchgeführt wurden, endeten zwar in zahlreichen Fällen mit Todesurteilen und Hinrichtungen, wurden aber veranlasst „nur" bei Nachweis persönlich durchgeführter Mordtaten an Ausländern (vor allem Mordtaten in Konzentrationslagern und an abgeschossenen alliierten Fliegern). Im Gegensatz zum Vorgehen in den „Nürnberger Kriegsverbrecherprozessen" urteilten die Britischen Gerichte nur bei Vergehen gegen Gesetze, die vor Begehung einer Tat schon in Kraft waren. „Verbrechen gegen die Menschlichkeit", die auf Basis rechtlicher Grundlagen erfolgten, die im Nürnberger Prozess die Verurteilung von Verantwortlichen des NS-Systems ermöglichten, wurden von den britischen Gerichten nicht verfolgt.

Die wenigen Überlebenden der Konzentrationslager, die zumeist der politischen Linken angehörten und sich wieder in ihrem Traditionsverein KPD organisiert hatten, verloren im Gegensatz zu den NS-Eliten dagegen nach Verbot dieser Partei im Jahre 1956 erneut ihre Arbeitsplätze und erlebten neue Verfolgungen.

Im Zusammenhang mit Interviews zur Broschüre „Ostfriesland – Biographien aus dem Widerstand", zu deren Mitverfassern und Mitverfasserinnen ich gehöre, lernte ich in der Nähe der Stadt Papenburg einen Bauarbeiter kennen, der die Not in der Weltwirtschaftskrise mit Kaffeeschmuggel aus Holland überbrückt hatte. Während der frühen NS-Jahre schmuggelte er nicht nur Kaffee, sondern Flugblätter aus Holland nach Deutschland, politisch Gefährdete und bedrohte Juden von Deutschland nach Holland. Als er verraten wurde, musste er eine entsetzliche Prügelei ertragen, danach erfolgte die Inhaftierung im Moor-KZ Esterwegen bis zu dessen Auflösung („Wir sind die Moorsoldaten und ziehen mit dem Spaten..."). Nach Jahren der Arbeitslosigkeit erfolgte die

Wiedereinstellung als Bauarbeiter, dann KPD-Verbot, erneute Entlassung und Verfolgung.

Alles, was „links" war – ob Gewerkschaften, SPD oder gar KPD – wurde im bäuerlichen Umfeld scheel angesehen. So war es denn eine sehr mutige Tat, als meine Mutter erklärte, wegen der Politik der Aussöhnung von Willi Brandt würde sie diesmal ihn, einen Sozialdemokraten, wählen. Das ging damals im Familienkreis gar nicht.

Charakteristisch war auch, dass auch 1945 das Wort „Moordörpe" (jemand, der aus Moordorf stammt) in der Alltagssprache ein Wort für tiefste Missbilligung blieb. Moordörper wurde mit Gewalt, Rohheit, Messerstecherei in Verbindung gebracht, wurde gebraucht, um Kinder zu disziplinieren; das, obwohl in Moordorf die Nazis nach „erbbiologischen Untersuchungen" furchtbare Verbrechen vor allem an Frauen durchgeführt hatten (Zwangssterilisierung bei einer großen Anzahl Frauen). Moordorf hatte politisch immer die Linke gewählt. Das reichte für eine anhaltende und pauschale Stigmatisierung.

Dabei war es nicht so, dass die „große Politik" die Dörfer in Ostfriesland nicht erreicht hätte. Dafür sorgten schon Radio und Tageszeitung. Von den weltpolitisch bedeutsamen Ereignissen erinnere ich mich beispielsweise an Radioberichte vom Untergang der französischen Kolonialtruppen gegen die vietnamesische Befreiungsbewegung. Die Nachricht von der verlorenen Schlacht der Fremdenlegion und anderer französischer Einheiten in Dien Bien Phu wurde kommentiert um die Frage herum: Wie konnte das passieren? Eine hochgerüstete und moderne westliche Armee verliert gegen die Bauernsoldaten des Vietminh?

Dass dieser Krieg Teil der allgemein einsetzenden Befreiungsbewegungen in bisherigen Kolonien – von Kenia bis Algerien – sein könnte, wurde weder gesehen noch kommentiert noch gar für richtig befunden. Weder in den Medien noch im Unterricht in der Schule wurde versucht, die Vorgänge von ihrem politischen Inhalt her zu erklären. In Geschichte erfuhren wir viel von den Schlachten des Hannibal, von den Siegen Julius Cäsars und dem Reich Karl des Großen. Je näher wir in Geschichte aber den aktuellen Ereignissen kamen, um so dünner und allgemeiner wurden die Informationen. Politische Bildung hätte anders ausgesehen.

Auch die Gründung der EWG, die ja gerade für die Landwirtschaft in den (anfangs) 6 Staaten große Bedeutung bekommen sollte, kam in den Berichten in den Medien nur am Rande vor. Zwar erinnere ich mich, dass ich mit meinem Vater an einer Veranstaltung des niedersächsischen Landvolkverbandes teilgenommen habe, aber geredet wurde dort vor allem über die Besitzstandsgefährdung der großbäuerlichen Betriebe durch die kommende EWG. Einen Landjugendverband, der vielleicht etwas „aufmüpfiger" die Themen hätte angehen können, gab es bei uns damals nicht. Normalisierung stand an.

WAS KENNZEICHNETE UNSER LEBEN AUF DEM HOF IN UPGANT?

Um sich den äußeren „Rahmen", in dem der folgende Bericht spielt, zu verstehen, ist es vielleicht hilfreich, einige – aus heutiger Sicht – markante Eigenheiten herauszustellen.

• In meiner Familie, auf unserem Hof und im Dorf wurde so gut wie ausschließlich „Platt" gesprochen. Platt hat den Charakter einer eigenen Sprache, ist kein Dialekt. Natürlich konnten die Eltern Hochdeutsch, auch die Flüchtlinge sprachen (mehr oder weniger) Hochdeutsch. Trotzdem bedeutete die Einschulung auch den Beginn des Erlernens von Hochdeutsch als erste Fremdsprache.

• Obwohl natürlich das metrische System längst die amtliche Sprache in Ostfriesland bestimmte, wurde im Alltag nicht von Kilogramm, Doppelzentner oder gar von Tonne gesprochen, sondern von Pfund und Zentner. Angesichts der geringen Höhe der Getreideerträge wäre jemand, der das Ergebnis seiner Weizen- oder Roggenernte in „Tonnen" angegeben hätte, als Aufschneider und Angeber angesehen worden.

• Ein Stromanschluss war im Ort seit etwa 1919 vorhanden. Der Strom wurde vor allem für die Beleuchtung genutzt und das auch nur sehr sparsam. An allen „strategischen Plätzen" in Wohnung und Stall hing noch jahrelang ein „Schkienfatt" (= Sturmlaterne); die war mit Petroleum wohl gefüllt, um bei Stromausfall ersatzweise eingesetzt zu werden.

- Es gab keinen öffentlichen Spielplatz. Ebenso gab es keinen Kindergarten.

- Es gab kein Alten- und Pflegeheim (alles Senioren wurden von der Familie unterstützt und bei Bedarf gepflegt). Da der Großteil der Menschen in Großfamilien oder Familienverbünden lebten, gab es dafür auch helfende Hände in notwendiger Zahl. Das heißt nicht, dass die Betreuung und Pflege der Senioren und Seniorinnen immer einfach und konfliktfrei war. In den 21 Jahren, die ich in Ostfriesland gelebt habe, habe ich z. B. nie von Alzheimer oder Demenz gehört. Es mag die Krankheit aber trotzdem gegeben haben.

- Heuschnupfen, Neurodermitis, Fettleibigkeit bei Jugendlichen, ADHS, allergisches Asthma (auch andere Allergien) waren unbekannt. Diabetis kam wohl vor, aber überaus selten. Gegen die üblichen Kinderkrankheiten wurde geimpft.

- Es gab keine gesetzliche Krankenkasse für Bauern- und Bäuerinnen und auch keine Rentenzahlung (das änderte sich dann Mitte der 50iger Jahre). Medizin, Arzt, Krankenhaus mussten bis dahin privat bezahlt werden.

- Abfall gab es nicht, dementsprechend auch keine öffentliche Entsorgung. Gläser konnten zerbrechen; für deren Entsorgung hatte jeder Haushalt eine kleine Grube. Bei uns, bei einem Haushalt von 9 bzw. 10 Personen, reichte für ein Jahr eine Grube von vielleicht einem Kubikmeter.

- Plastik und andere Kunststoffe waren noch nicht erfunden oder noch nicht im Einsatz. Zum Einpacken wurde Papier genutzt. Geschäfte verwendeten auch Pergamentpapier, das nach dem Auspacken sorgfältig geglättet und im Haushalt weiterverwendet wurde.

- Telephon gab es anfangs nur beim Nachbarn Leerhoff und durfte nur selten genutzt werden. (Ein Anheben des Augenlides beim Nachbarn, wenn einer von uns mit der Anfrage nach Telephonieren zu ihm kam, hieß dann jeweils „Eigentlich nicht, aber Ich will man nicht so sein"). Mir war es lange unheimlich, nach Anwahl eine körperlose Stimme aus dem Hörer zu hören. Ein eigenes Telephon wurde erst Ende der 50iger Jahre angeschafft.

• Ein Fernseher wurde erst angeschafft, als meine Eltern 1968 in Rente gingen. Sie hatten nach dem Tod der (Stief-)Mutter meines Vaters die „Villa" geerbt (= Austragshäusle heißt das in Süddeutschland). Dort lebten sie zusammen mit dem Großvater bis zu dessen Tod. Er wurde 93 Jahre alt. Fern-Sehen bedeutete deshalb für uns Kinder die Nase plattdrücken am Schaufenster eines Radio- oder Fernsehgeschäftes – wurde einem bald lästig. Auch die eine oder andere Gaststätte schaffe sich einen Fernseher als „Attraktion" an.

• Wasserversorgung erfolgte bis 1958 für den Haushalt über eine von Regenwasser gespeiste „Regenbacke" (Zisterne), für die Tiere durch einen tiefen (irgendwann von einem früheren Hofpächter mit dem Spaten ausgehobenen Brunnen). Ausgemauert war er mit Torfsoden. Das Wasser hatte wegen der Huminsäure in den Torfsoden stets eine hellbraune Farbe. Gefördert wurde das Wasser zum Teil mittels Handpumpen, zum Teil mittels einer elektrisch angetriebenen Wasserpumpe. Als es in einem Sommer Mitte der 50iger Jahr besonders lange trocken war und die Regenbacke leer fiel, holten wir das Wasser aus dem Kolk. Nach Errichtung des Wasserwerkes in Siegelsum erhielten wir einen Hausanschluss. Als dann auch gleich die erste Waschmaschine angeschafft wurde, war das eine wirklich große Arbeitserleichterung für meine Mutter und für die Mägde. Bis dahin gab es jede Woche einen Waschtag, bei dem die Wäsche mit heißem Wasser, Kernseife und einem Waschbrett sauber gerubbelt wurde. Die Trocknung der an Leinen auf der baumbestandenen Grünlandfläche neben dem Hof aufgehängten Wäsche besorgten dann Wind und Sonne.

• Ein Radio („Grundig") war angeschafft und stand auf einem Bord in der Küche. Nach dem Neubau des Wohnhauses stand es dann auf dem Schreibtisch meines Vaters. Weil ich dort auch meine Arbeiten für die Schule machte, spielte Radiohören (auch Schulfunksendungen) bei mir schon früh eine große Rolle. Die Sonntag-Morgensendung „Hafenkonzert" war in der Familie sehr beliebt. Das Radio änderte aber nichts daran, dass eine Kultur des Erzählens weiter sehr wichtig für das Zusammenleben war.

• Meiner Erinnerung nach war bei uns ebenso wie bei den Großeltern immer eine Tageszeitung abonniert. Sie war nicht nur wichtig für politische Nachrichten, sondern auch für Todesanzeigen.

• Geheizt wurde bis zum Neubau des Wohnhauses (1962) mit Einzelöfen; Torf war der Brennstoff. Später gab es wieder Einzelöfen, aber nun mit Öl als Brennstoff (Das Öl musste in den Öfen mit einer Kanne aufgefüllt werden. Wehe, wenn dabei gekleckert wurde!). Der Torf wurde in einer Art „Teilpacht" von zwei Familien gestochen (eine davon war die Familie Beekhuis, die auch sonst bei uns beschäftigt war). Das Moor, das zu unserem Hof gehörte, lag in der Nachbargemeinde Rechtsupweg. Der Torf wurde gestochen, zu Haufen aufgesetzt und so getrocknet. Wenn das im frühen Herbst abgeschlossen war, fuhren wir mit mehreren Gespannen hin, die Wagen so umgerüstet, dass möglichst viel Torf geladen werden konnte, und sorgten so für Vorrat zum Heizen. Wenn wir Kinder in der Zeit des Aufladens auf dem Moor herumstromern wollten, wurde immer deutlich vor Kreuzottern gewarnt, die es dort geben konnte.

• Ein Schwimmbad gab es nicht, wohl aber einen „Kolk". Das war ein maximal zwei bis drei Meter tiefes Gewässer mit einer Größe von vielleicht 20.000 qm Fläche. Der „Kolk" war entstanden, weil Mitte des 19. Jahrhunderts Sand benötigt worden war für den Bau der Eisenbahnlinie. Der Kolk gehörte unserem Nachbarn Ulferts, der die Nutzung als Badegewässer in Absprache mit der Gemeinde duldete. (Es gab noch einen zweiten Kolk, aber der wurde nur privat von Verwandten der Familie Ulferts genutzt). Diese Duldung endete Ende der 60iger Jahre, als nach einem tödlichen Badeunfall Haftungsfragen nicht gelöst werden konnten. Waren die Wassertemperaturen so weit angestiegen, dass Baden möglich wurde, war der Kolken Treffpunkt für alle Jugendliche, für „Männlein wie Weiblein". Von einigen Eltern wurden sogar in Eigeninitiative ein Sprungbrett und ein kleiner „Turm" gebaut – zur großen Freude von uns Kinder natürlich. Wo sich viele Jugendliche tummelten und waghalsige Unternehmungen stattfanden, konnten auch Unfälle nicht ausbleiben. So geschehen bei meinem Bruder Ubbe, der beim Klettern in einem Baum auf einen Stein fiel, der im flachen Wasser lag. Ein komplizierter Oberschenkelbruch war die Folge. Ein Bekannter der Familie, der den Unfall Gott sei Dank mitbekommen hatte, trug ihn auf den Armen viele hundert Meter bis zu seinem Elternhaus. Es dauerte nach einem längeren Krankenhausaufenthalt viele Wochen, bis er sich wieder erholte. Während des Krankenhausaufenthaltes fuhr meine Mutter jeden Tag die zehn Kilometer mit dem Fahrrade nach Norden, um ihm (und allen anderen in dem Krankenzimmer) gutes Essen zu bringen. Viele, viele Hühner haben damals ihr Leben lassen müssen. Allzu schlecht war damals noch die Versorgung im Krankenhaus. Schwimmunterricht gab es meiner Erinnerung nach in unserem Kolk nicht; trotzdem lernte jeder Jugendliche Schwimmen, in welchem eigenwilligen und individuellen Stil auch immer. Eines meiner gruseligsten Erlebnisse war, als ich mit anderen Mitgliedern des DLRG bei beginnender Dunkelheit im Kolk nach einem Ertrunkenen suchen sollte. Zahlreiche PKWs sorgten mit ihren Scheinwerfern von den Ufern her für eine gewisse Helligkeit, für uns Schwimmer wurde das Wasser immer schwärzer und das Gruselgefühl immer stärker. Jedes Schilfrohr, das man in der Tiefe berührte, löste beklemmende Gefühle aus. Gefunden haben wir den Vermissten nicht; die Leiche tauchte drei Tage später von selber auf, wie es die Natur nun mal vorgesehen hat.

• Die Volksschule war im Ort, einige hundert Meter von unserem Hof entfernt. Die acht Jahrgänge wurden in zwei Klassenräumen von zwei Lehrern unterrichtet (Herr Apiß und Herr Koller). Ab Mitte der 50iger Jahre wechselten dann erstaunlich viele Schüler zur Realschule oder zum Gymnasium. Wer weiter wegwohnte, hatte einen langen Fußweg zur Schule. Fahrräder waren noch sehr selten. Anfang der 60iger Jahre wurde in Marienhafe dann eine integrierte Gesamtschule neu gebaut (übrigens auf Land, das bis dahin die zentralen Grünlandflächen für unsere Milchviehhaltung gewesen waren).

• Ein Kino gab es in Marienhafe (Sonntags-, Nachmittags-, und-Abendvorstellungen) und wurde stark besucht (Heimatfilme, amerikanische Western wie „Fuzzy"), später auch vereinzelt Filme, die sich mit der NS-Zeit auseinandersetzten wie „Hunde, wollt ihr ewig leben", aber auch nationalistische Schinken wie „Reiten für Deutschland".

• Zu den Städten Norden (mit Realschule, Ackerbauschule, Gymnasium, Krankenhaus) und Emden (dort machte mein Bruder Ubbe seine Lehre) gab es eine Eisenbahnverbindung. Die mit Kohle befeuerte Lokomotive sorgte für Qualm, Holzbänke in der 3. Klasse für unbequemes Reisen (sie wurden irgendwann ersetzt). Zusätzlich gab es auch Busverbindungen.

DER HOF

Wann das Hofgebäude errichtet wurde, ist nicht bekannt. An der
Formung der Backsteine konnte man
aber sehen, dass er schon sehr alt war.
Es kann aber auch sein, dass zu seinem
Bau Steine benutzt wurden, die nach
der starken Verkleinerung der
„Marienkirche" in Marienhafe zu
Beginn des 19. Jahrhunderts dort nicht
mehr benötigt oder einfach geklaut
worden waren. Das hieße dann, dass
nur die Steine sehr alt gewesen sind.

Der Hof war nach dem gleichen
„Strickmuster" angelegt wie fast alle
Höfe in Ostfriesland. Der Hof stand in
Nord-Süd-Richtung. Das Wohnhaus
befand sich an der nördlichen Seite.
Darin befanden sich auf der östlichen
Seite das Eltern- und das Kinderschlaf-
zimmer. Diese beiden Zimmer waren
unterkellert.

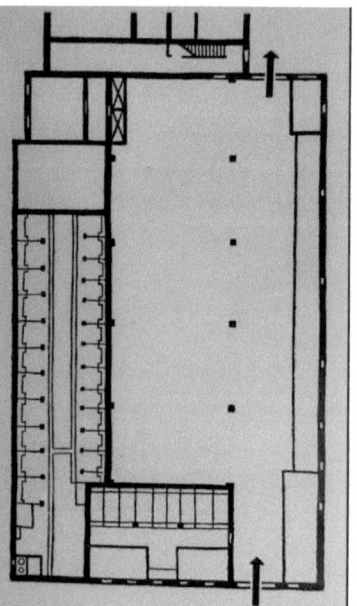

Typischer Gulfhof

Die Treppe zu den Schlafzimmern musste, wenn man in den Keller
wollte, zur Seite aufgeklappt werden – nicht ungefährlich für den, der
das Schlafzimmer verlassen wollte und nicht aufpasste! Auf der
westlichen Seite lagen die „lütche" und die „groot Stuuv"; wenn man sie
betreten wollte, ging das über den „Drüppel" (Aufgang mit zwei

42

Stufen). Die lütche Lütje Stuuv wurde für „normale" Besuche und für Schularbeiten benutzt, die „groot Stuuv" nur für besondere Anlässe.

In ihr standen denn auch einige repräsentative Möbel (u.a. zwei Club-Sessel, die mein Vater nach einer guten Ernte vom örtlichen Schreiner hatte fertigen lassen). Ein in ostfriesischen Haushalten verbreitetes Möbel war das „Küchensofa", das durch Herunterklappen der gepolsterten Armlehnen auch ein Nickerchen ermöglichte. Wir hatten in beiden Stuben ein solches Küchensofa stehen. In der „groot Stuuv" gab es einen leibhaftigen gemauerten Kamin, geschmückt mit christlichen Motiven in den Kacheln.

Neben der Küche waren die beiden Stuben übrigens die einzigen heizbaren Räume. In kalten Nächten konnte es passieren, wenn man ein Glas Wasser mit ans Bett genommen hatte, dass das Wasser morgens gefroren war. Die Betten selber waren warm und mollig, auch wenn es mal sehr frostig war (was in Ostfriesland aber nicht oft vorkam, dem Golfstrom sei Dank). Wem es am Anfang einer kalten Winternacht zu klamm war im Bett, legte sich vorher eine Wärmflasche hinein. Mollig waren die Betten auch deshalb, weil sie alle mit Gänsedaunen gefüllt waren. Es schloss sich ein quer verlaufender Flur an, der an der Eingangstür begann und auf der anderen Seite des Wohngebäudes mit einer Tür zur „Dösdeel" endete. Kurz davor zweigte eine Treppe ab, die auf den Boden führte. Der Boden diente als Getreidespeicher. (Von dort wurde auch die Schrotmühle in der Scheune mit Getreide zum Mahlen befüllt).

Auf der Westseite des Wohnhauses lag die Küche mit hohen, eisengerahmten Fenstern und einem großen Herd, der dem Raum sein Gepräge gab. Alle Fenster in unserem Haus waren nur einfach verglast, boten der Kälte also nicht allzu viel Widerstand. An kalten Tagen begrüßen deshalb viele Eisblumen in den großen Eisenfenstern der Küche meine Mutter, wenn sie den Küchenherd anmachte. In der Küche befanden sich ansonsten zwei große Esstische, umrahmt von einer langen Bank und vielen Stühlen, sowie die steinerne Spüle. An der Stirnseite des größten Tisches – nahe beim Ofen – stand der Lehnstuhl des Vaters. Gab es eine Pause oder kam Besuch des Nachbarn oder eines

Händlers, so ließen die sich in der Nähe des Lehnstuhls nieder. Wer rauchen wollte (bei den meisten war das eine Pfeife), faltete sich einen Streifen Zeitungspapier (einen „Fidibus") und zündete ihn am Herdfeuer an. Sparsamkeit war immer angesagt.

Neben der Küche lag das „Karnhus". In dem Raum war in früheren Zeiten die Milch verarbeitet worden; „karen"(= Milch zentrifugieren), um die Sahne abzutrennen. Die Sahne musste dann gerührt/geschlagen werden, um Butter zu gewinnen. In früheren Zeiten waren Zentrifugen übrigens über ein entsprechendes Getriebes häufig durch einen Hund angetrieben worden, der sich in einem Laufrad bewegte. Der Küche schloss sich ein Flur an, der vom vorderen Flur abging und ihn mit dem „Karnhaus" verband. Von ihm ging auch die Treppe ab, die zu den beiden Zimmern im 1. Stock führte. Das waren die Schlafräume für die Knechte und Mägde. Sie lagen sinnigerweise über der Küche, hatten also eine gewisse „Heizung". Auf diesem Flur bestanden in früheren Zeiten, als es noch keine extra Schlafzimmer gegeben hatte, die „Schlaf-Butzen" (= Schlaf-Schränke).

In kleinem Abstand vor dem Wohnhaus (in nördlicher und westlicher Richtung) gab es eine Reihe Lindenbäume, die jedes Jahr im Herbst beschnitten wurden. Obwohl Kühe wie Pferde gerne Lindenzweige mochten, wurden Zweige und Blätter bei uns nicht mehr als Futter eingesetzt (früher wohl). Es gehörte zu den Aufgaben von uns Kindern, zur Verschönerung des Wochenendes die Sandfläche des Zugangsweges wie die Flächen zwischen den Bäumen sorgfältig zu rechen. Starb trotz aller Mühen der Mutter ein von ihr aufgepäppeltes schwächliches Ferkel, so pflegten wir Kinder das tote Ferkel in der Sandfläche vor dem Wohnhaus zu „beerdigen", mit einem kleinen Kreuz versehen.

In westlicher Richtung schloss sich ein mit Maschendraht umzäunter Nutz- und Ziergarten an. Ein großer Fliederbusch dominierte in einer Ecke; Reihen an Magnolien verrieten, dass meine Mutter diese Pflanze besonders mochte. Stachelbeerbüsche, Büsche mit roten und schwarzen Johannisbeeren gab es in großer Zahl.

Eine nicht besonders beliebte Aufgabe war es für uns Kinder, die reifen Früchte zu pflücken, damit Marmeladen daraus hergestellt werden konnten. Erdbeeren gab es keine.

Neben diesem Nutz- und Ziergarten lag – in westliche Richtung – ein großer Apfelgarten mit den unterschiedlichsten Sorten. Leider gehörten Kirschbäume nicht dazu. Da ich Kirschen besonders sehr mochte, „besuchte" ich gerne den Kirschbaum des Nachbarhofes immer in der Zeit, in der man dort Mittagsschlaf hielt. (Erwischt wurde ich trotzdem mehr als einmal).

Zurück zum Hofgebäude: Vom „Karnhaus" betrat man durch eine Tür den Kuhstall. Rechts – zur Außenwand hin – standen die Kühe; auf der linken Seite die älteren „Enter" und die „Twenter" (die Rinder). Die Kuhstallreihe bot Platz für 18 Kühe. Sie waren zu zweit zwischen Trennwänden zu den Nachbarkühen aufgestallt. Vor ihnen befand sich eine breite Rinne, in die morgens und abends das Tränkewasser gepumpt wurde. Die Kühe waren an langen Ketten angebunden und wurden dick mit Stroh eingestreut. Hinter ihnen verlief „de Groop" (die Grüppe), in der Kot und Harn aufgenommen wurden. Da zweimal täglich gemistet wurde, entstanden keine Gerüche.

Im Anschluss an die Reihe der Milchkühe befand sich ein Raum, der die elektrisch betriebene Wasserpumpe beherbergte. Dahinter – zwischen Pumpenraum und Außenwand – lagen zwei Toiletten (Plumpsklos). Das war absichtlich so angelegt: man musste immer an den Kühen vorbei, wenn man zur Toilette wollte! Jeder bekam dabei so „nebenbei" mit, wenn eine Kuh mit dem Kalben begonnen hatte oder

Anzeichen einer Erkrankung zeigte. Gegenüber der Wasserpumpe stand – auf der anderen Seite des Ganges – eine Rübenmühle. Sie diente zum Reinigen und Schnitzeln der Rüben. Die geschnetzelten Rüben wurden zum Füttern in große Drahtkörbe geschaufelt, und die wurden anschließend den Kühen vorgetragen. (Wer es nicht gesehen hat, mag kaum glauben, wieviel geschnetzelte Rüben eine einzelne Kuh fressen kann!).

Oberhalb des Kuhstalls – auf der Südseite" des Hofgebäudes also – befanden sich „up Bön" (auf dem Boden) der Hühnerstall und der Stall für die Tauben. Vom Hühnerstall führte eine Stiege hinunter in den großen eingezäunten Hühnerhof. Überwiegend war bei unseren Hühnern die Rasse „Italiener" vertreten. Sie wurden jeweils für zwei Legeperioden gehalten, und wanderten dann in den Suppentopf. Um die Jahrgänge unterscheiden zu können, wurden sie mit unterschiedlich gefärbten Ringen an den Beinen unterscheidbar gemacht. Für das Schlachten der Hennen wurde kein großer Aufwand gemacht. Auf einem Klotz wurde mit Hilfe eines der Haumesser, die auch für das Abschneiden der Kohlpflanzen genutzt wurden, der Kopf vom Hals getrennt. Für einen langen Zeitraum gingen die Küken aus Naturbrut hervor. Mutter nahm die gluckende Henne aus der Hühnerherde heraus, setzte sie in eine sorgfältig mit Stroh gepolsterte Holzkiste und versorgte sie dann – gemeinsam mit anderen Glucken – mit Futter und Wasser. Nach etwa 21 Tagen pickten sich die Küken den Weg aus dem eng gewordenen Ei heraus und „Holla, da bin ich"!

Gefährlich für die Küken waren besonders Wanderratten (falls vorhanden) – und sehr selten – auch Katzen; beim Freigang im Hof gab es natürlich allerlei Raubvögel, die den Hühnern und ihren Küken nach dem Leben trachteten. Oft verblieben auch ein oder zwei bebrütete, aber unfruchtbare Eier im Nest. Wenn Mutter sie nicht schnell entsorgte, nahmen wir Kinder sie gerne verstohlen an uns. Sie waren wegen ihres infernalischen Gestanks (Schwefelwasserstoff) beim Zerbrechen beliebt, um denen, mit denen man gerade irgendwie „über Kreuz" war, einen Streich zu spielen. Im Unterschied zu Hühnern hatten wir Enten und Gänse nicht in jedem Jahr. In der Regel gingen aus den Bruten genauso viele Hennen wie Hähne hervor; die Hennen verjüngten die Herde, die

Hähne wurden von einem bestimmten Alter an gesondert aufgezogen und ergaben dann irgendwann mal ein ungemein leckeres Mittagessen, in keinster Weise zu vergleichen mit den späteren 500g-„Gummihähnchen". Mutter hatte die Angewohnheit, zum Ende des Essens hin alle Knochen und Knöchelchen sehr sorgfältig mit einem scharfen Messerchen „nachzulesen". Erstens, weil auch kleinste Stücke Hähnchenfleisch lecker waren, zweitens weil es ihr einfach Freude machte – und drittens war es damals sowieso unvorstellbar, dass „großzügig" mit Lebensmitteln umgegangen wurde („Dafür hat´s der Herr nicht wachsen lassen").

Wir Kinder hielten immer Tauben; ihre Zahl war strittig mit unserer Mutter, weil die Tauben sich natürlich auch auf dem Dach des Hofes niederließen und dann auch wohl mal „etwas" fallen ließen. Das war sehr ungern gesehen, weil das Niederschlagswasser mittels Dachrinne aufgefangen und in unsere Zisterne geleitet wurde. Andererseits brachte Taubenzucht natürlich auch einen „Ertrag" in Form von Jungtauben, die vor dem Flüggewerden entnommen und denen dann der „Hals umgedreht wurde". Mutter verabscheute Tauben auf dem Dach, mochte aber sehr gern Tauben in der Pfanne; eine typische Konfliktsituation. Immer wieder beschäftigten wir Kinder uns auch mit dem Versuch, fremde Tauben in unseren Taubenschlag zu locken. Dafür wurde eine eigene Taube mit Anis beträufelt in der Hoffnung, dass sich dann eine fremde Taube anlocken ließe – immer wieder versucht, kaum je erfolgreich; Kinderträume eben.

Vom Kuhstall ging es weiter (links ab gewissermaßen) in den Pferdestall; die südliche Außenwand des Pferdestalls war auch die Außenwand des Hofes. Direkt an der Außenwand befanden sich zwei Boxen für tragende Stuten; zwischen den beiden Abfohlboxen lag eine weitere kleine Box, die verschiedenen Zwecken dienen konnte. Rückte für eine Stute der Abfohltermin näher, musste Nachtwache gehalten werden. Bei Fohlengeburten ist sehr selten ein Eingreifen erforderlich, wenn aber, muss es sofort geschehen.

In der Nachtwache konnte mein Vater oder einer der Knechte auf einem Strohlager in der kleinen Zwischenbox ruhen, um bei Bedarf bei der Geburt eines Fohlens eingreifen zu können. Um nicht die ganze Zeit wach bleiben zu müssen, war mit einem langen Strick über eine an der Decke befindliche Rolle Schläfer und Stute miteinander verknüpft. Zum Abfohlen legen sich Stuten so gut wie immer hin und zogen daher beim Hinlegen auch Arm oder Bein des „Aufpassers" – je nachdem, wo der Strick befestigt worden war – in die Höhe, so dass er wach werden konnte.

Gegenüber den Abfohlboxen standen oder lagen die Arbeitspferde. 9 Pferde konnten hier untergebracht werden. Mit Ausnahme des 9. Pferdes, das einen Einzelständer hatte, standen die Pferde jeweils zu zweit. Festgebunden waren sie an einem Halfter; dicke Stroheinstreu sorgte erstens dafür, dass viel Urin aufgefangen werden konnte (vor allem wichtig bei Wallachen, die ja zwischen Vorder- und Hinterbeine pinkeln) und zweitens als dicke Unterlage, falls sich die Pferde hinlegten. Ganz im Gegensatz zu Kühen legen Pferde sich selten hin und dann auch nur kurz; sie können im Stehen schlafen. Sofern die Pferde zu zweit in einem Abteil standen, hatten sie an einer Seite eine hohe und stabile Holzwand und zwischen sich in gut 80 cm Höhe ein „Schlagbaum" der verhindern sollte, dass die Pferde sich gegenseitig verletzten. Wie bei den Kühen musste man sich zwischen den beiden Pferdebäuchen hindurchschlängeln, um ihnen Hafer und Rüben in der Krippe vorzulegen. In späteren Jahren wurde diese arbeitsaufwändige Aufstallungsform der Kühe und Pferde spöttisch „Schwanzanbindung" genannt. Die Ursache, dass in früheren Zeiten die Ställe so und nicht anders gebaut wurden, lag an den Einsparungen beim Baumaterial und vor allem am geringen Bedarf an Fläche.

Den Pferden wurde das Heu vorgelegt in Raufen, die von oben „Perstall Bön" (Heuboden über dem Pferdestall) ausgefüllt wurden. Das war zwar arbeitswirtschaftlich günstig, aber für die Art, wie Pferde normalerweise fressen, durchaus ungünstig. Pferde holen sich ihr Futter nie von oben, sondern immer vom Boden. Nur dafür ist ihr Skelett und ihre Halsmuskulatur ausgebildet.

Den östlichen Teil des Hofes nahm „De Dösdeel" ein, eine Durchfahrt vom südlichen bis zum nördlichen Eingang des Hofgebäudes. Er hatte seitlich einige „Hucken" (Boxen). Am Beginn gab es zwei große Boxen für Jungpferde. Es schlossen sich zwei Boxen für Jungrinder an. Dann gab es noch eine Box für die (wenigen) Schweine. Die weiteren Boxen bis zum oberen Ende der Scheune dienten -solange mit Torf geheizt wurde- als Stapelraum für Torf. Nachdem das nicht mehr nötig war, dienten diese Boxen verschiedenen Zwecken, u.a. meiner Kaninchenzucht. Zu meiner besten Zeit war ich Züchter eines bei anderen Züchtern begehrten Rammlers; erst 2 Mark, später 5 Mark verlangte ich für seine Liebesdienste.

Kuhstall, Pferdestall und Durchfahrt umschlossen die drei sehr großen und hohen Bergeräume („Gulf"). Zu Beginn des Winters war ein Gulf immer bis unters Dach gefüllt mit Wiesenheu („Bit int Hohnchebalk") („Hühnerbalken" nannte man den Querbalken in der Spitze eines Daches), die beiden anderen mit Getreidegarben. Folge: wir hatten viele Mäuse, aber auch immer viele Katzen!

Aprorpos Katzen; sie waren, da sehr nützlich bezüglich Mäuse und – gelegentlich – auch Wanderratten, sehr gern gesehen. Großenteils versorgten sich die Katzen mit Nahrung selber, bekamen aber auch Futter. Natürlich war das kein gekauftes Futter aus einem Geschäft (gab es damals noch überhaupt nicht, unvorstellbar, Futter für Katzen kaufen!), sondern bestand aus Resten aus der Küche. Von mir gab es zudem nach dem Melken reichlich Milch. Auch wenn schon viele Katzen den Hof zu ihrem Revier erklärt hatten, wurde nicht regulierend eingegriffen (das heißt, es wurden keine jungen Katzen getötet). Unfälle, Seuchen, Vertreibung der jungen Kater durch ihre Mütter oder was auch immer sorgten dafür, dass wir immer so um die 20 Katzen hatten. Kastration von Kater oder Kätzin – wie es Jahrzehnte später schier selbstverständlich werden sollte – waren unvorstellbar, auch, da nicht zu bezahlen. Dies gehörte von vorneherein nicht zur Vorstellung von „Nutztieren". Die Tierärzte verdienten damals ihr Geld für die Behandlung von Kühen, Pferden und Schweinen, nicht für Katzen oder Wellensittiche.

Etwa 100 Meter hinter dem Hofgebäude stand übrigens noch eine Trockenscheune mit zusätzlichem großen Bergeraum. In ihr wurden vor allem Getreidegarben hineingestapelt. Da wir erst sehr spät einen Höhenförderer mit elektrischem Antrieb bekamen, erforderte das Einstapeln ab einer gewissen Höhe die Einrichtung eines „Fanggatts": darin stand jemand, dem von einer unteren Ebene die Garben hinauf gegabelt wurden. Aus dem Fanggat wurden sie dann hochgereicht auf die nächste Ebene. Dieses umständliche System funktionierte natürlich nur, wenn genügend Helfer da waren. Da diese manchmal knapp waren, boten sich hier gern gesehene Arbeitsmöglichkeiten auch für die Schulfreunde: 5 DM gab es für das Abladen eines Wagens! (Das war gerade so viel, wie eine Schiene der Märklin-Eisenbahn damals kostete!). Je höher, die Getreidegarben schon gestapelt waren, umso höher musste man klettern, wenn es mit der Arbeit weitergehen sollte.

Meine Mutter ist beim Hinaufklettern einmal abgestürzt und hat sich ein Bein gebrochen. In damaliger Zeit führte das noch zu einem längeren Krankenhausaufenthalt. Als Mutter und Vater 1968 den Betrieb an meinen Bruder übergaben und als Altersversorgung nur die miserable Bauernrente erhielten (ist übrigens auch in späteren Jahren immer miserabel geblieben!), war es ausgerechnet die gute Rente, die sie von der Berufsgenossenschaft für ihren Arbeitsunfall erhielt, die ihr Einkommen deutlich aufbesserte.

Während sich an der östlichen Seite in einem Abstand zu unserem Hofe von 20-30 Metern der Nachbarhof (Lammert Leerhoff) befand, schloss sich an der Westseite, unterhalb des Zier- und Nutzgartens eine größere Grünfläche an. Dort standen mehrere alte Bäume, darunter ein alter Birnbaum mit kleinen, aber sehr saftigen Früchten. Durch einen Zaun wurde diese Grünfläche – die, wenn notwendig, auch zum Rangieren der Ackerwagen diente – abgeschlossen durch die Kälberweide. Da die Kälber ja recht früh geboren wurden, konnten sie ab Mai/Juni auch schon auf die Weide. Es war praktisch, sie in der Nähe des Hofes zu behalten, da die Kälber zusätzlich zur Weide noch mit Ergänzungsfutter (reichlich Magermilch, etwas Getreidemehl) zu füttern waren. Dadurch, dass die Kälber aber Jahr für Jahr auf die gleiche Weide kamen, hatten sie bisweilen mit von Würmern ausgelösten Krankheiten zu tun. Zur südlichen Seite hin wurde die Grünfläche schließlich noch durch „de Bo" abgegrenzt. Es war ein kleines, schon sehr altes und noch reetgedecktes Gebäude, das für das Abstellen von Geräten genutzt wurde.

Auffällig im Vergleich zu späteren Jahren war, dass wir noch keine richtige Werkstatt hatten. Das Geschirr und das Zaumzeug der Pferde hingen an einer Seitenwand des Pferdestalls, beim Pflügen brauchte man maximal einen (!) Schlüssel, der am Pflug mitgeführt wurde; für die Mähmaschine und den Bindemäher brauchte man Ölkännchen und Fettpresse und ebenfalls einige Schlüssel, die an den Geräten in einem Werkzeugkasten aufbewahrt wurden. Der neu angeschaffte Traktor benötigte – so lange er neu war – auch nur Ölkanne und Fettpresse. Allerdings musste mit dem Traktor auch ein Dieselfass mit Handpumpe angeschafft werden; der Weg zur Tankstelle in Marienhafe wäre reichlich weit und zu umständlich gewesen. (Auf Bauernhöfen, bei denen die Bauern früher und stärker sich für Landtechnik begeisterten wie mein Vater, fing das mit einer eigenen Werkstatt sicherlich schon früher an). Ansonsten galt, dass ein Bauer immer ein stabiles Taschenmesser und ein Stück Draht oder Seil als Grundausstattung in der Hosentasche haben sollte, um mit allen Unwägbarkeiten zurecht zu kommen.

Eine in jedem Frühjahr erforderliche Maßnahme war, dass die Ackerwagen in ihre einzelnen Teile zerlegt und diese für einige Tage in einen kleinen Teich (=Doorp) abgelegt und gewässert wurden. Das Zerlegen war nicht schwierig, das hatten die Wagenbauer so vorgesehen. So ein Ackerwagen

war überhaupt ein Wunder der Stellmacherkunst.

Die Wagen waren sehr vielseitig nutzbar, waren durch die großen Räder leichtzügig für die Pferde und konnten jeden Weg passieren, auch wenn er metertief ausgefahren war; der Wagen war fast verwindungsfrei! Bei angemessener Nutzung war er über Jahrzehnte einsetzbar. (Jeder moderne Anhänger ist dagegen ein schweres und steifes Gefährt). Ins Wasser mussten die Holzteile, um zu quellen und dadurch trotz Sonneneinstrahlung und Trockenheit im Sommer die für den dauerhaften Erhalt von Holz notwendige Frische zu haben. Bei den Rädern kam hinzu, dass durch das Quellen die um das Holz des Rades gelegenen Dauben („Eisenreifen") wieder fest auf dem Holz aufsaßen.

Ein besonderes und für mich unangenehmes Erlebnis ergab sich, als ein Befestigungsseil sich von einer Erdkarre (dreirädrige Karre, bei der die Ladefläche gekippt werden konnte) löste, die in dem besonders tiefen Feuerlöschteich des Nachbarhofes eingetaucht worden war. Was tun? „Du bist Rettungsschwimmer, also Badehose an und hinunter, das Tau neu befestigen". So wurde es denn auch gemacht und war letztlich nicht so schwierig, obwohl ich einige Meter tief runter musste, damit ich die Karre zu fassen bekam. Sehr unangenehm war es mir auch nicht wegen des tiefen Tauchens, sondern weil in genau diesem Teich nach dem Krieg die zwei Mädchen ertrunken waren. So ist das nun mal mit den Gefühlen.

Anfang der 60iger Jahre wurde der Hof umgebaut. Der alte Kuhstall wurde abgerissen und durch einen Stall mit mittigem Futtergang ersetzt. Es blieb aber eine Anbindehaltung („Halsrahmenanbindung"). Der erste Boxenlaufstall in Ostfriesland wurde meiner Kenntnis nach etwa 10 Jahre später gebaut und zwar vom Betrieb Klukist in Georgsheil. Weil der Futtergang im neu gebauten Stall unseres Hofes zu niedrig war, um einen Schlepper durchfahren zu lassen, blieb reichlich Handarbeit. Eine große Erleichterung war aber zweifellos die mechanische Entmistung. Allerdings hatte die zur Folge, dass der Mist nicht mehr sorgfältig gestapelt wurde, sondern als „Berg" abgelegt wurde. Das konnte dazu führen, dass im Miststapel anaerobe Zonen entstanden und über methanogene Bakterien Kohlenstoff in Methan umgewandelt wurde, ein Gas, das flüchtig ist.

Im alten Stall war noch „von Hand", also mit Schaufel und Schubkarre entmistet worden. Die hoch gefüllte Schubkarre wurde über den Gang im Stall und danach über breite Bohlen auf die hinter dem Hof liegende Miste geschoben und dort ausgekippt. Letzter Teil des Ausmistens war das gleichmäßige Verteilen und Festtreten des Mistes. Beim Verteilen des Mistes musste sehr sorgfältig die Stelle im Auge behalten werden, wo das letzte Mal der Inhalt der Plumpsklos im Misthaufen „vergraben" worden war. Sonst war die Überraschung durchaus unangenehm. Aufgabe beim Verteilen war auch, dass die Ränder des Misthaufens so sorgfältig und akkurat aufgeschichtet wurden, dass jeder Maurer stolz darauf hätte sein können. Das hatte einen guten Grund, weil so die Oberfläche der Miste klein gehalten und Nährstoffverluste (durch Ausgasen) vermindert wurden. Durch diese Pflege des Mistes gab es auch keinen Gestank (Ammoniak, Schwefelwasserstoff), sondern als Folge der überwiegend als Milchsäure verlaufenden biochemischen „Reifung" im Miststapel entstand ein Geruch, der an Sauerkraut erinnern konnte.

Die Landwirtschaft erzeugte sich damals also einen wertvollen Düngerstoff selber. Mineraldünger wurde im kleinen Umfang eingesetzt, war aber begleitet von Misstrauen ob seiner Wirksamkeit „Kunst is dunst, man Pup und Piers, dat is wiers" (Kunstdünger ist trügerisch, aber Mist und Urin, das ist sicher"). Leitspruch für diesen pfleglichen Umgang mit dem Mist war – wie damals überall in der Landwirtschaft: "Halt ihn feucht und tritt ihn feste, das ist für den Mist das Beste". In den 50iger Jahren spielte u. a. im Bundesland Hessen die Akkuratesse, mit der ein Misthaufen gestapelt war, sogar eine Rolle bei der Aktion „Unser Dorf soll schöner werden": Je sauberer gestapelt, desto mehr Pluspunkte! Zu der beginnenden Industrialisierung gehörte die Geringschätzung von Mist als Dünger und die Werbung für von der Industrie hergestellten Mineraldünger.

Das Misten mit der Schubkarre wurde übrigens unnötig erschwert durch die Art, wie der Schreiner die Schubkarre gewohnt war anzufertigen. An der Spitze befand sich das Rad, am anderen Ende die zwei Griffe des „Misters". Dabei wäre es auch damals schon leicht möglich gewesen, das Rad mehr zum Schwerpunkt hin zu platzieren, so dass der „Mister" viel weniger Gewicht hätte tragen müssen. Eine sehr unpraktische Konstruktion, die sich aber sehr lange hielt – wie das mit Traditionen eben oft so ist.

Im neuen Stall war das Gute, dass die Länge der Stände noch zur Größe der Kühe passte. Die Kühe kamen deshalb auch im neuen Stall recht gut zurecht – bei aller Einschränkung, die immer mit einer Anbindehaltung verbunden war. Vorteil der Anbindehaltung war, dass die Kühe in aller Ruhe und ungestört durch andere saufen, fressen, wiederkauen und ruhen konnten; wie spätere Untersuchungen zeigten, haben diese vier Lebensäußerungen einen Anteil von fast 95 Prozent am Tagesablauf einer Kuh. Wer Kühe mal beim Austrieb gesehen hat, weiß aber, wie gerne sie auch mal auf einer großen Weide herumtollen mögen! Bei der Anbildehaltung in den 50iger Jahren gab es immer eine dicke Matratze aus Stroh, die immer wieder gereinigt und erneuert wurde. Das änderte sich sehr viele Jahre später, als bei dieser Art Ställe aus der ersten Modernisierungsperiode durch die Einkreuzung der Rasse „Holstein Frisian" in die Zucht der „Schwarzbunten Niederungsrinder" die Kühe sehr viel größer und schwerer wurden. Da dann zudem aus Gründen der Arbeitsersparnis die Einstreu aus Stroh ersetzt wurde durch Gummimatten, nahmen die Schäden am Körper der Kühe und ihre Verschmutzung stark zu. Am schlimmsten wurde es, wenn als weiterer Modernisierungsschritt die Grüppe durch einen mit Metallstangen abgedeckten „Schwemmkanal" ersetzt wurde. Die zu groß gewordenen Kühe standen dann mit den Hinterfüßen ständig auf den Stangen, die Zitzen gerieten beim Abliegen bisweilen ebenfalls zwischen die Stangen und wurden im Extremstall beim Aufstehen von der Kuh selbst eingerissen oder gar abgetreten.

Sowohl im neuen wie im alten Stall war auf unserem Hof das regelmäßige Putzen der Kühe übrigens eine Selbstverständlichkeit. Wurden die Pferde täglich gestriegelt, so geschah das bei den Kühen mindestens jeden zweiten Tag, bei dem Teil des Jungviehs, der auch angebunden war, geschah das auch, aber nicht so regelmäßig.

Während des Abrisses mit folgendem Neubau des Stalles fehlten uns die Schwalben (Rauchschwalben), die den Stall sonst immer in größerer Zahl bevölkerten. Nachdem wieder Ruhe eingekehrt war, kehrten sie zu unserer Freude zurück (So wie die Kraniche bei uns als Boten für den baldigen Winterbeginn galten, so galten die Schwalben als Boten für den Frühling). Sie hatten auch die besten Lebensbedingungen: wo es Kühe gibt, gibt es auch Fliegen und zwar nicht nur im Stall, sondern auch über dem Misthaufen. Auch gab es in der Nähe des Hofes viel Grünland; durch den Weidegang der Kühe gab es viele Kothaufen, die ein Eldorado für Myriaden von Insekten waren. Im Gegensatz zu den Rauchschwalben gab es bei uns keine Mehlschwalben; vielleicht war der Dachüberstand zu ungünstig für den Nestbau.

Nach dem Stall wurde übrigens wenige Jahre später auch das Wohnhaus neu gebaut. Dadurch, dass das Mauerwerk wie es damals in Ostfriesland üblich geworden war, „zweischalig" ausgeführt worden war, verbesserte sich die Wärmedämmung sehr deutlich. An der Struktur des Hofes änderte sich wenig, nur dass wir jetzt im Wohnhaus auch die Toilette hatten. Das Plumpsklo war damit perdu. Allerdings musste jetzt auch Toilettenpapier eingekauft werden, und Zeitungspapier hatte als Hilfsmittel im Klo ausgedient. (So entsteht auch Abfall).

WIE SAH DIE PRAKTISCHE LANDWIRTSCHAFT AUS?

Wie alle Höfe war auch unser Betrieb ein Gemischtbetrieb. Ackerwirtschaft und Tierhaltung wurden gemeinsam und in großer gegenseitiger Abhängigkeit betrieben. Eine Folge war, dass immer reichlich Stallmist anfiel. Die Jauche wurde übrigens extra in einer „Doorp" (=Große, flache Grube) aufgefangen. Vom letzten Dreschen war sie gut gefüllt mit „Kaff" (Getreidespelzen, Unkrautsamen und Pflanzenreste), die die Jauche aufsaugte. Wenn das nicht mehr ausreichte, floss eine Mischung aus etwas Jauche und viel Regenwasser über einen langen Graben in einen Entwässerungsgraben. Da der Abflussgraben aber üppig mit Brennnesseln bewachsen war, die wie eine Pflanzenkläranlage wirkten, gab es so gut wie keine Verunreinigung des Entwässerungsgrabens.

Der Mist wurde hinter dem Stall sorgfältig gestapelt und zu Beginn des Frühjahrs mit Pferd und Ackerwagen aufs Feld gefahren. Die Flächen 1-2 m seitlich des Misthaufens waren übrigens die einzigen auf unserem gesamten Hof, wo die hübsche Pflanze „Vogelmiere" zu finden war. Das ist eine Pflanze, die sich nur dann stark ausbreiten kann, wenn reichlich Stickstoff im Boden ist. Speziell dann, wenn es Küken gab, war die Vogelmiere sehr willkommen. Sie wurde abgerupft und den Glucken mit ihren Küken vorgelegt. Die Blättchen der Vogelmiere waren wegen ihres Reichtums an Eiweiß für Glucke und Küken ein besonderer Leckerbissen.

Bis Ende der 50iger Jahre der erste Bagger und die ersten von Traktoren gezogenen Miststreuer eingesetzt wurden, wurde der Mist von zwei Männern mit Hilfe von Mistgabeln auf den entsprechend umgerüsteten Ackerwagen geworfen. Zwei Pferde waren eingespannt, der Arbeiter (oder mein Vater, später auch mein Bruder Rudolf) setzten sich mit einem Sack als Unterlage auf den aufgetürmten Mist und so ging es mit dem Wagen auf das Feld. Der Mist wurde dort mit einem Haken vom Wagen heruntergezogen und auf kleine Haufen abgelegt. In einem späteren Arbeitsgang wurde der Mist dann möglichst gleichmäßig mit der Mistforke (dreizinkige Gabel) auf dem Acker verteilt. Dies waren umständliche Abläufe, aber sie waren notwendig, so lange es keinen Miststreuer gab. (Grünland wurde bei uns übrigens nie mit Mist gedüngt).

Um mit dem Anbau auf dem Acker zu beginnen: Pflug und Egge waren die wichtigsten Geräte. „Geschält" wurden die Getreidestoppeln mit einem Zweischarpflug gezogen von zwei Pferden. (Arbeitskühe und Zugochsen, die in anderen Regionen wichtig waren, gab es übrigens in Ostfriesland meines Wissens nach nirgendwo). Dann folgte eine Bearbeitung mit der Egge, danach gab es eine Ruhepause für den Boden. Zur Herbstsaat bzw. zur Winterfurche wurde dann mit dem pferdegezogenen Einscharpflug etwas tiefer gepflügt (vielleicht um 15 cm). Vor allem bei Stallmist war ein flaches Pflügen wichtig, weil der Mist sonst nicht vom Bodenleben „verarbeitet" werden konnte, sondern vergraben wurde. Er „vertorfte" und verlor einen großen Teil seiner vielen positiven Wirkungen. Nach dem Pflügen ließ man den Boden einige Wochen zur Ruhe kommen und sich „setzen". Sollte Wintergetreide gesät werden, wurde mit einer stabilen Egge der Boden oberflächlich eingeebnet und größere Schollen zerkleinert. Je nach der Menge des auflaufenden Unkrauts musste bisweilen noch ein zweites Mal geeggt oder sogar gewalzt werden. Danach wurde mit der Drillmaschine (=Sämaschine) das Getreide in von der Maschine gezogene Rillen im Boden abgelegt. Danach wurde noch mit einer aus 5-6 kleinen und feinen Eggen bestehende „Felderegge" wieder Erde über die Samenkörner verteilt. Bei allen Arbeiten auf dem Acker wurden die Gespanne von einer großen Zahl Möwen begleitet, für die dann der „Tisch gedeckt war". (Die Nordseeküste war von uns nur knapp 15 km entfernt).

Geerntet wurde das Getreide bis zur Anschaffung des Mähbinders Mitte der 50iger Jahre mit Hilfe von Sichte und Big. Die Getreideernte vollzog sich in mehreren Arbeitsschritten. Mit der Sichte wurden die Stengel abgeschlagen (nicht geschnitten!), mit der Big wurden die abgeschlagenen Halme zusammengerollt und seitlich der Mahd abgelegt. In einem zweiten Arbeitsschritt (und meistens auch von einer zweiten Person) wurde das zusammengerollte Getreide mit Hilfe mehrerer Strohhalme in der Mitte (dem „Bauch" der Rolle) zu einer Garbe zusammengebunden und geknotet. Anschließend wurden acht bis zehn Garben zu „Puppen" zusammengestellt, damit sie nachtrocknen konnten. War der Trocknungsprozess abgeschlossen und das Wetter günstig, wurden die Garben auf Ackerwagen gestapelt und nach Hause zum Abladen gefahren.

Bei der Gestaltung der Fruchtfolge kam ganz ähnlich wie in der später aufkommenden Öko-Landwirtschaft dem Anbau von Klee-Gras eine zentrale Rolle zu. Um ihn drehte sich die Fruchtfolgegestaltung. Der Kleegrasanbau war aus ackerbaulicher Sicht zentral, weil der Klee über die Symbiose mit den Knöllchenbakterien an seinen Wurzeln für eine kostenlose Stickstoffversorgung sorgte. Hinzu kam, dass die starke Bodenbedeckung durch den Klee andere „lichthungrige" Pflanzen zurückdrängte und durch die lange Anbaudauer (knapp 2 Jahre) über die Bodenruhe eine gewisse Humusanreicherung erfolgte. Der Kleeanbau lieferte zudem ein erstklassiges Winterfutter, das bei uns vor allem für die Pferde genutzt wurde.

Manchmal wurde der Klee zum Herbst hin auch von den Kühen abgehütet. Da es noch keinen elektrischen Weidezaun gab, mit dem man schnell einen Zaun errichten konnte, mussten wir Kinder kurzzeitig zu „Kuhhirten" werden – eine nicht gern gesehene Arbeit, da sehr langweilig und manchmal stressig, denn es gab immer mindestens eine Kuh, die unbedingt dort fressen wollte, wo sie nicht fressen sollte. Einen ausgebildeten Hund, der hätte helfen können, gab es bei uns nicht. Die Beweidung von Kleegras durch die Kühe sorgte für deutlich mehr Milch im Eimer, war aber auch gefährlich, da es durch den frischen Klee in Verbindung mit Feuchtigkeit (oder gar Frost!) bei den Kühen leicht zu manchmal tödlich verlaufenden Blähungen des Pansens kommen konnte. Kam es zu so einer Blähung, musste man mit einem „Trokar" direkt in den Pansen hineinstechen, da der sonst platzen konnte (Der Trokar war ein sehr spitzes und scharfes dünnes Metallrohr, das mit viel Kraft durch die Haut und an zwei Rippen hindurch in den Körper der Kuh hineingetrieben werden musste, so weit, dass er auch in den Pansen eindrang. Praktisch einsetzen habe ich ihn aber nie müssen).

Neben dem Klee als Ausgangspunkt für alle Überlegungen zur Fruchtfolge gab es in erheblichem Umfang den Anbau von Hackfrüchten (Zuckerrübenanbau gab es in Ostfriesland allerdings nicht). Neben Kartoffeln, die bei uns für den Verkauf keine große Rolle spielten, wurden mit großem Flächenumfang Kohlrüben, Runkelrüben, Markstammkohl, Blaukohl und Grünkohl angebaut. Neben etwas Eigenverbrauch für den Haushalt (Kohlrüben und Grünkohl) diente alles der Fütterung der Kühe und Rinder, und auch die Pferde freuten sich, wenn sie eine Rübe bekamen. Während die Rüben im Herbst gerodet und in einer langen Miete vor dem Hof (da, wo zuvor der Garten gewesen war) eingelagert und mit Stroh und Erde gegen Frost geschützt wurden, verblieb der Kohl bis in den Winter auf dem Feld und wurde – egal, wie das Wetter war – mit einem Haumesser (könnte man auch Machete nennen) abgeschlagen, auf den Wagen geworfen und dann nach Hause gebracht. War es zu matschig, wurde nicht der Wagen, sondern ein Schlitten verwendet.

Für die Pferde war das im Spätherbst bzw. Winter eine Abwechslung, da sie sonst die ganze Zeit angebunden in ihren Ständern standen. Entsprechend „munter" waren sie dann. Im schlimmsten Fall konnte es bei Pferden vorkommen, dass sie „durchgingen", sich also der Kontrolle durch den Menschen

entzogen und wild davon stürmten, egal, mit was sie über das Geschirr verbunden waren. Dies konnte sehr gefährlich werden bis hin zu tödlichen Unfällen.

Meinem Vater ist einmal passiert, dass ihm ein Gespann durchging, nicht beim Kohlholen mit dem Schlitten, sondern auf dem Heimweg von einem Feld in der Marsch nach Hause. Angehängt an zwei ruhige Stuten war die Drillmaschine, mit der Getreide gesät worden war. Pferde wie Pferdeführer waren nach einem langen Arbeitstag müde, und trotzdem erschraken sich die Pferde durch das Klappern der eisenbeschlagenen Räder auf dem Kopfsteinpflaster der Bundesstraße so sehr, dass sie durchgingen. Vater musste die Leine loslassen und fand sich bäuchlings auf der Straße wieder. Die beiden Pferde stürmten einschließlich Sämaschine davon und landeten in der „Graft" des Nachbarhofes. Da standen sie dann in Wasser und Schlamm, erschrocken und schnaubend, die Maschine noch hinter sich – und nichts war kaputt gegangen. Sie zu beruhigen und wieder herausholen war nicht ganz einfach.

Für die Bewältigung dieser und anderer Ereignisse war es sehr wichtig, dass die Bauern sich unterstützten. Die Höfe und die Art zu wirtschaften, waren sehr ähnlich; jeder kannte deshalb alle Arbeiten und konnte ohne Einarbeitung sofort helfen. Durchgehende Pferde waren da eine eher seltene Ausnahme, aber bei ganz vielen Gelegenheiten im

Alltag – vor allem, wenn eine Kuh sich schwer tat mit dem Abkalben, wenn ein Nachbar dringend ein weiteres Gespann für eine wichtige Arbeit brauchte, wenn Kühe einen Zaun umgeworfen und sich in die Freiheit davon gemacht hatten – war sofortige Hilfe notwendig und wurde selbstverständlich gewährt und das, obwohl alle Höfe auf ihre Selbständigkeit bedacht und durchaus nicht „gleich" waren, vor allem nicht im sozialen Bereich. Es gab Hierarchien, es gab Freundschaften und Gegnerschaft – aber das hinderte nicht beim notwendigen Helfen. Es war wohl ein wichtiger Teil der damaligen dörflichen Kultur, Auseinandersetzungen nicht so weit treiben zu lassen, dass man hinterher nicht mehr miteinander reden und sich helfen konnte.

Zurück zur Fruchtfolge: Rüben und Kohl waren auch deshalb von sehr großer Bedeutung, weil das Wiesen- und Kleeheu, das geerntet worden war, zwar durch das „Reutern" der angetrockneten Pflanzen sehr bekömmlich und förderliche für eine gute Verdauung der Kühe und Pferde war, wegen des technisch bedingten späten Schnittzeitpunktes aber recht wenig an Proteine und Energie enthielt.

Zur Arbeit des Reutern: Am effizientesten war es, wenn sich jeweils drei routinierte Personen mit dem Aufschichten eines Reuters befassten. Beim Reutern wurden als erstes Dreiböcke aus langen (und an der Spitze durch einen Draht verknüpfte), etwa zweieinhalb Meter langen Holzstangen aufgestellt (wie ein Zelt). In vorgefertigte Drahtschlingen in den Stangen wurden danach in der Quere Holzstangen so hineingesteckt, dass sie sich überlappten und die Grundlage boten, um einen großen Haufen Heu darauf abzusetzen. Reihum wurde ein erster Ring aus Heu aufgebaut, dem weitere nach oben hin folgten. Dabei verjüngte sich die Fläche immer mehr, und schließlich wurde mit einer extra langen Forke (=Zweizinkige Heugabel) eine möglichst große Haube aus Heu als Abschluss dieses Kunstwerkes so abgesetzt, dass im Falle von Niederschlägen das Wasser außen am Reuter abfließen würde. Das Heu konnte danach noch drei bis vier Wochen durchtrocknen und danach zum Hof gefahren werden. Wichtig war, dass das Heu im „ersten Ring" so abgelegt war, dass es nicht den Boden berührte und so Feuchtigkeit aufnehmen konnte. Der dazu passende (Matcho-) Spruch lautete „As bin moin Wicht mut man de Beenen seen" (Wie bei einer schönen Frau möchte man die Beine sehen).

Wenn das Reutern einer Wiese oder eines Kleegrasfeldes geschafft war, wurde gerne eine kleine Pause gemacht, sich an der langen Gabel abgestützt, den Schweiß von der Stirn gewischt und in großer Ruhe und Zufriedenheit das gemeinsame Werk betrachtet. Landwirtschaft gestaltet mit allem, was sie tut, Landschaft. Beim Reutern war das besonders augenfällig. (Reutern von Heu war allgemein in Europa verbreitet; je nach Region wurden verschieden konstruierte Reuter verwendet. Eine Mechanisierung wurde versucht, konnte sich aber nicht durchsetzen).

War das Heu trocken genug, wurde es auf die entsprechend mit „Kreiten" (hohe Seitenwände aus kräftigen Brettern) umgerüsteten Ackerwagen gepackt. Die Kreiten saßen auf den „Rungen" (Bauteil des Ackerwagens, der mit einem Bolzen mittig mit der Achse des Wagens verbunden war. Es gab eine Runge vorne und eine hinten. Sie endeten außen mit leicht schräg nach oben laufenden kräftigen Hölzern von gut einem Meter Länge). Eine Person gabelte hoch, eine Person „packte". Packen war schwierig genug, denn sobald man über die Höhe der Kreiten hinauskam, musste jede Lage aus Heu so gepackt sein, dass sie zur Mitte des Wagens zeigte (Bei Getreidegarben war es ganz ähnlich). Also: als erstes Heupacken außen herum ablegen (ein „Packen" war übrigens ein dicker Arm voll Heu), dann die nächste Reihe nach innen und zwar so, dass sie noch auf der äußeren auflag; zum Abschluss eine Reihe Heupacken in die Mitte und diese tüchtig festtreten.

War der Wagen bis in eine Höhe von vielleicht vier Metern bepackt, wurden noch zwei Taue über den Wagen gespannt, kräftig angezogen und am Wagen befestigt. Die Taue sorgten für zusätzliche Stabilität der Ladung. Sorgfältiges Packen war sehr wichtig, weil die Wege immer weit und häufig mit vielen Schlaglöchern gesegnet waren. Wem es als „Packer" passierte, dass ein Teil der Ladung abrutschte, der hatte mit allerlei Spott zu rechnen.

Eine besondere Note bekam das Heimfahren von Heu mit dem Gespann aus zwei Pferden – dahinter die zwei hochgepackte Ackerwagen – unter einen großen Kirschbaum hindurch, der den Weg kurz vor Marienhafe weit überragte. Wie zufällig wollten die Pferde gerade unter diesem Baum anhalten und Pause machen. Der Packer, der auch immer derjenige war, der die Wagen „heil" zum Hof fahren musste, konnte auf dem Rücken liegend sich reichlich mit Kirschen für den Rest der Heimfahrt versorgen. Es war schon erstaunlich: eine Person sitzt in einer Höhe von etwa 4 Metern auf dem ersten Ackerwagen, ist nur mit zwei Leinen und mit seiner Stimme mit den Pferden verbunden, muss mit dem Gespann ein bis zwei Kilometer in einem holperigen Feldweg, danach einen Kilometer auf einer mit Kopfsteinen gepflasterten Bundesstraße bis zum Hof zurücklegen – und nie ist (bei uns) was passiert. Da war schon ein großes Zutrauen vorhanden zu den Pferden und zu uns Knirpsen, die so ab einem Alter von 14 Jahren auch schon „Packer" und Wagenlenker sein durften!

Als das Reutern auch wegen Mangel an Arbeitskraft nicht mehr möglich war, wurden vom Schlepper gezogene Pressen (Niederdruck-, Mitteldruck-, Hochdruckpressen; noch später Rundballen- und Quaderballenpressen) eingesetzt. Die Rationalisierung der Arbeit war erheblich, die Futterqualität kam aber nur im Ausnahmefall an die des gereuterten Heus heran (drei bis vier Tage lang nur strahlender Sonnenschein als Voraussetzung, wie oft gibt es das?).

Bei der Fütterung sorgten die Rüben und der Kohl wegen ihres sehr hohen Energiegehaltes für den notwendigen Ausgleich der recht niedrigen Energie- und Eiweißgehalte im Heu und ermöglichten eine gute Milchleistung der Kühe. Auf unserem Hof waren das damals zwischen 4.500 und 5.000 kg Milch je Kuh und Jahr. Davon ging ein Teil als ausgiebige Vollmilchtränke an die Kälber, die immer alle aufgezogen wurden. Während die Rüben damals eine wirklich sehr große Bedeutung bei der Fütterung der Kühe hatten, wurde vergleichsweise wenig geschrotetes Getreide (Kraftfutter) und geschrotete Ackerbohnen eingesetzt (höchstens ein bis eineinhalb kg je Mahlzeit). Fester Bestandteil der Fütterung der Kühe war der ganztägige Weidegang vom Frühjahr bis Herbst (Anfang November), im Winter dann Heu, Kohl und Rüben. Die Kombination dieser Winterfütterung mit dem ausgiebigen Weidegang ermöglichten es, dass viele (nicht alle) Kühe bei guter

Gesundheit für viele Jahre im Betrieb verblieben und gute Milch gaben. In Erinnerung habe ich einen Tag, an dem drei Kühe im Alter von fünfzehn bzw. sechzehn Jahren an den Schlachter abgegeben wurden (mein Vater war bei solchen Anlässen immer den ganzen Tag verschwunden). Aber so alte Kühe waren auch damals schon die Ausnahme. Auch wenn die Milchleistung zwischen 4.500 und 5.000 Liter lag, war auch das allein schon eine körperlich für den Stoffwechsel der Kühe sehr große Anstrengung. (Historisch gesehen haben Kühe zwischen 1.000 und max. 1.500 kg Milch gegeben ausschließlich zur Ernährung ihres Kalbes). Zu allen Zeiten wollten Bauern und Bäuerinnen gesunde, robuste und verträgliche Kühe, die bei guter Milchleistung viele Jahre in der Milchvieherde verblieben – und zu allen Zeiten war es leichter, es anzustreben. wie es zu erreichen!

Zur Abnahme des durchschnittlichen Lebensalters der Kühe, zu der es dann in späteren Jahren kommen sollte, trug auch bei, dass die Anforderungen an die Haltbarkeit der Milch und an niedrige Keimgehalte in ihr immer stärker erhöht wurden. In den 50iger Jahren war es noch so, dass die Milch jeden Morgen (auch am Sonntag) mit dem „Melkwagen" an die Annahmerampe der Molkerei gebracht wurde. Für mehrere Jahre machte das übrigens mein Onkel Hermann Thiele im Nebenberuf, bei uns und bei anderen Milchbauern.

Für die Kühlung der abends gemolkenen Milch reichte es noch aus, die „Bummen" (= Milchkannen mit 20 Liter Fassungsvermögen) in ein Wasserbad zu stellen (Nur bei Gewitterluft konnte die Milch trotzdem schon mal ansäuern). Da die Zahl der Kühe in vielen Betrieben langsam erhöht wurde, verlangte die Molkerei die Umstellung auf größere Milchtanks (200 Liter). Die Abendmilch musste darin mit einer vom Druck der Wasserleitung betriebenen Kühlschlange gekühlt werden. Danach – das war dann schon ab den 70iger Jahren – holte ein LKW („Milchlaster") die Milch ab, erst noch jeden Tag, dann nur noch jeden zweiten Tag. Damit nicht die bei der Milch normale Säuerung einsetzen konnte, war jetzt eine extra Milchkammer erforderlich, rundum gefliest, mit großem Tank und einem leistungsfähigen, elektrisch betriebenem Kühlsystem ausgestattet. Durch das zweitägige Abholsystem wurde die

Milch jetzt zwar älter, auch die Fett- und Eiweißmoleküle veränderten sich schon etwas, aber den strengen Anforderungen der Molkerei an niedrige Keimgehalte konnten durch die tiefen Temperaturen trotzdem genüge getan werden. Außerdem sorgte die danach durch in der Molkerei obligatorisch vorgenommene Pasteurisierung für die notwendige Produktsicherheit. Von „frische Milch" und „unbehandelt" ist dabei aber nicht mehr viel übriggeblieben.

In etwa parallel zu diesen Veränderungen wurden auch die Anforderungen der staatlichen Lebensmittelüberwachung und der Veterinärverwaltung an niedrige Keimgehalte in der Milch erhöht. Dass Milch Keime enthält, ist nicht nur normal, sondern für jede Verdauung (Kalb oder Mensch) und für die handwerkliche Verarbeitung von Milch zu Käse notwendig. „Sterile" Milch ist dagegen eine typische Erfindung des Lebensmittelhandels (vielleicht auch schon früher des Militärs) mit dem vorrangigen Ziel langer Haltbarkeit. Da ältere Kühe zumindest tendenziell mehr Keime in der Milch haben, ergab sich ein Druck auf die Bauern und Bäuerinnen, älter werdende Kühe auszumerzen und ganz auf junge Tiere zu setzen.

Zu einer generell misstrauischen Beäugung der Milch durch die Lebensmittelüberwachung trug übrigens schon bei, dass diese Verwaltung vom Staat in den 20iger Jahren des 20. Jahrhunderts überhaupt eingerichtet worden war, weil es die Vermutung gab, dass es die Tuberkulose der Milchkühe sei, die über die Trinkmilch auf den Menschen übertragen werde. Das bestätigten spätere Forschungen zwar nicht (bei der Tuberkulose der Hühner ist das anders!), aber die Milch behielt bei der Hygieneverwaltung immer den Ruf, „gesundheitlich problematisch" zu sein. Das führte dann auch zu der Forderung, die Milch vor dem Verzehr unbedingt abzukochen. Das wurde sogar – von Region zu Region aber unterschiedlich – in manchen Bauernküchen praktiziert! Bei uns und in Ostfriesland geschah das nicht, frische, unbehandelte Milch blieb ein Qualitätsbegriff. Milch wurde frisch getrunken und in Speisen verarbeitet; wollte man Dickmilch, brauchte man die Milch nur einige Stunden bei Raumtemperatur stehen lassen und konnte sie dann verzehren.

Zurück zu den Rüben: Da es noch kein Rübensaatgut gab, das aus jedem einzelnen Samen nur eine Pflanze sich entwickeln ließ („Monogermsaat"), war vor allem der Anbau der Runkelrüben mit sehr viel Handarbeit verbunden. Nach Auflaufen der Rüben in der Reihe musste „vereinzelt" werden. Dafür rutschte man auf den Knien durch die Reihen und ließ nur jeweils eine Pflanze eines Pflanzenbüschels stehen. Einige Wochen später wurde dann mit einer langen Stielhacke gegen die ungewollten „Begleitkräuter" (=Unkräuter) vorgegangen.

Bei Kohlrüben und den Kohlarten wurde anders verfahren. Da wurden Jungpflanzen in einem Pflanzbeet herangezogen. Wenn sie die passende Größe hatten, wurden sie herausgezogen, gebündelt und – nach einer vorhergehenden Furche mit dem Pflug – eigepflanzt. Viele Hände waren dafür notwendig. Nach Anwachsen der Pflanzen – das durch Trockenheit auch verzögert werden konnte –, musste auch hier die Stielhacke eingesetzt werden. Als letzter Arbeitsgang wurde noch einmal mit einer pferdegezogenen schmalen Reihenhacke durch-gefahren. Dafür wurde immer ein sehr erfahrenes und ruhiges Pferd eingespannt. Das war oft genug so vertraut mit der Arbeit, dass kaum eine Pflanze zertreten wurde und das Pferd am Ende der Reihe die Wendung in die nächste Reihe auch ohne Leinenhilfe vornahm.

Schwere Handarbeit? – Ja und Nein. Die Arbeit zum Vereinzeln auf den Knien war natürlich anstrengend und ermüdend. Zudem bekam man nasse Knie. Aber für all diese Pflanz- und Pflegearbeiten galt: die Felder waren vergleichsweise klein (Ich glaube, wir hatten kein Feld, das größer war als eineinhalb Hektar). Wenn man in einer Reihe neu mit der Hackarbeit begann, konnte man das Ende der Reihe schon gut sehen; das war schon mal sehr beruhigend. Vor allem aber: Gehackt und vereinzelt wurde nie alleine, sondern immer in einer Gruppe von vier oder mehr Personen. Darunter befand sich immer mindestens eine/einer, die/der begeisternd „Dönekes" (Geschichten) erzählen (oder erfinden?) konnte.

Auch die fest eingeplanten Pausen (ab 10.00 Uhr Teepause, ab 12:00 Uhr Mittagessen; ab 16:00 Teepause) sorgten dafür, dass die Hackarbeit uns nur selten vorkam wie eine ermüdende Plackerei. Es war ein gewaltiger Unterschied in der landwirtschaftlichen Arbeit, als sie noch handwerklich betrieben wurde zu der späteren, immer weiter technisierten Arbeit. Handwerkliche Landwirtschaft hatte immer und durchgängig einen festen Arbeitsrhythmus; technisierte Landwirtschaft verliert dagegen den Rhythmus; je mehr technisiert, umso mehr!

Das sei am Beispiel des Melkens verdeutlicht. Beim Handmelken sitzt der Melker/die Melkerin – je nach Milchleistung und Eigenart der Kuh, ob sie die Milch schneller oder langsamer hergibt – zwischen 5 bis 10 Minuten auf einem Schemel an einer Kuh, Kopf an die Flanke gelegt, nur die Hände und Arme sind tätig (der Kopf kann träumen oder philosophieren). Wenn keine Milch mehr kommt, aufstehen und den Inhalt des Eimers durch ein Sieb in die Milchkanne gießen, dann zur nächsten Kuh, sich niederlassen auf den Melkschemel und so fort. Nach Abschluss des Melkens waren die Milchkannen (Gewicht 20 kg!) mit einer „Jück" (Holzgestell, mit Aussparung für den Hals, an dem über kurze Ketten rechts und links eine Kanne befestigt wird) zum Abholen bereitzustellen. Beim Handmelken wurden vier bis sechs Kühe pro Person gerechnet (bei Profimelker dagegen 20 und mehr!).

Später bei den ersten Melkmaschinen (Absauganlagen) betreute ein Melker/eine Melkerin zumeist 4 Melkzeuge gleichzeitig; d. h. Euter reinigen und Vormelken der ersten Kuh, Melkbecher ansetzen, Aufstehen und mit dem nächsten Melkzeug zur nächsten Kuh gehen usw. Nach der vierten Kuh vielleicht einen Moment Pause, bis die erste Kuh ausgemolken war, dann Melkzeug abnehmen und damit zur nächsten Kuh gehen; Vormelken, Melkbecher ansetzen, zur ersten Kuh zurückgehen und prüfen, ob sie wirklich ausgemolken ist, und so weiter. Wenn das Melken abgeschlossen ist, dafür sorgen, dass die Rohre, durch die die Milch in den Tank gesaugt wurde sowie die Melkzeuge durch die Reinigungstechnik auch gut sauber geworden sind. Transport der Milchkannen entfällt. Bei diesem Stand der Technik wurden max. 15-30 Kühe pro Person gerechnet.

Der nächste Technisierungsschritt ist dann die Einrichtung eines speziellen Melkstandes (beispielsweise ein „Fischgrätenmelkstand"); die Melktechnik verändert sich dabei nicht grundsätzlich. Durch die verkürzten Wege werden aber sehr viel mehr Kühe pro Person gerechnet (40-60 und mehr).

Der bisher letzte Technisierungsschritt ist der Melkautomat. Beim unmittelbaren Melkvorgang muss keine Person mehr anwesend sein. Die Rolle des Melkers ist hier auf die eines „Springers" verschoben. Wenn eine Kuh zu lange nicht mehr zum Automaten gegangen ist, wird der Melker per Handy „angepiepst" (wie spät und wann immer das auch ist). Dann muss die betreffende Kuh zum Automaten hingetrieben werden. Wenn es zu einer Funktionsstörung bei irgendeinem der (sehr, sehr vielen) Bauteile des Automaten kommt, wird der Melker ebenfalls angepiepst (wie oben: wie spät und wann immer das auch ist). Ist eine Eigenreparatur nicht möglich oder wenn ein Automat als Ganzes ausfällt, muss der Service-Dienst, mit dem es vom Kauf des Melkautomaten an vertragliche Vereinbarungen gibt, informiert und gehofft werden, dass der schnell kommt und die Reparatur auch in kurzer Zeit schafft. Denn viele, viele Kühe müssen gemolken werden (pro Automat etwa 60 Tiere!). Statt Rhythmus und entspanntes Arbeiten beim Melken bedeutet dies Unsicherheit, Hektik und Stress – aber auch eine außerordentlich gesteigerte Arbeitsproduktivität.

Mit jeder Technisierungsstufe des Melkens verschieben sich auch die Bedingungen, wie die Kühe gefüttert und gehalten werden. Beim Handmelken und beim Melken mit der Maschine und einer Herdengröße von 30-40 Tieren ist es naheliegend und gut möglich, die vielen Vorteile einer ausgiebigen Weidehaltung zu nutzen. In vielen dieser Betriebe gab es einen einfachen Weidemelkwagen, der es ermöglichte, die Kühe auch auf der Weide zu melken. An den meisten Tagen war das ein sehr schöner Beginn des Arbeitstages, an manchen aber war es auch nass und ungemütlich.

Je zahlreicher die Kühe wurden, um so regelmäßiger wurden sie in einem Laufstall gehalten. Je größer die Zahl der Kühe in einem Laufstall wird, umso schwieriger ist es, ihnen Weidegang von Frühjahr bis Herbst zu ermöglichen, obwohl das *die* naturgemäße Form der Ernährung für Kühe ist. Beim Melkautomaten ist es dann schon vom Ablauf des Melkens her sehr schwierig, überhaupt noch längeren Weidegang möglich zu machen.

Und nochmal zurück zu Rüben und Kohl: eine Begleiterscheinung unserer Art Hackfruchtanbau war, dass wir über unseren Flächen (bei den Nachbarn war es nicht anders) immer viele Ketten von Rebhühnern beobachten konnten. Mein Bruder Rudolf, der später ein begeisterter Jäger werden sollte, erklärte mir mal, wie die Zusammenhänge waren. Rebhuhnküken sind Nestflüchter und in ihrer ersten Lebensperiode auf viele und kleine Insekten als Futter angewiesen. Der Pflanzgarten zum Heranziehen der Jungpflanzen bot für die Küken da *die* ideale Futtergrundlage. Zudem bot das dichte Dach aus Blättern den Küken auch einen gewissen Schutz von Regen. Nach dem Heranwachsen der Küken im Pflanzgarten wurden sie von der Rebhuhnhenne gerne in Flächen mit Klee geführt. Dort hatten sie ebenfalls reichlich Futter – auch nach der Futterumstellung der Küken auf Samen –, hatten Schutz gegen Regen und Raubvögel, und sorgten bei meinem Vater für viele Flüche, wenn er beim Abmähen des Klees mit der Mähmaschine die Pferde immer wieder anhalten, von der Mähmaschine absteigen und die vielen Küken aus dem stehenden Bestand herausklauben musste. Da die nächste Hecke oder das nächste Getreidefeld nicht weit waren, hatten die Rebhühner gute Überlebenschancen.

Im Gegensatz zu den Rebhuhnküken trug ein anderer häufiger Gast beim Mähen von Gras und Klee – der Weißstorch – vor allem seine Erhabenheit vor sich her – und ließ den Schnabel bisweilen in die Tiefe schnellen, wenn er eine Beute entdeckte. Bis einschließlich Maulwürfe verdrückte er alles, was ihm vor den Schnabel kam.

Neben dem Klee als Ausgangspunkt der Fruchtfolge und den Hackfrüchten sind an Getreide angebaut worden: Winter- und Sommerweizen (vor allem auf der Marsch), Roggen (vor allem auf der Geest) sowie Wintergerste und (viel) Hafer. Selten – wenn Vater einen Vertrag mit einer Mälzerei bzw. Brauerei ausgehandelt hatte – wurde auch Sommergerste angebaut. Ackerbohnen im Mischanbau mit Hafer waren auch regelmäßig vertreten; dabei sollten die Rispen des Hafers dabei helfen, Läuse von den Bohnenblättern herunter zu wedeln. Ackerbohnen haben viele Vorteile für die Viehfütterung; das Problem war allerdings, dass bei den damaligen Sorten die Bohnen erst sehr spät reif wurden. Auch war das Mähen mit der Sichte wegen der kräftigen Stengel sehr, sehr mühsam. Oft genug mussten die Bohnen nach dem Dreschen auf dem Getreideboden immer wieder umgeschaufelt werden, um dadurch ein Schimmeln zu verhindern. Künstliche Trocknung – später selbstverständlich – gab es nicht. Mit Schimmel belastetes Futter gefährdet die Gesundheit der Kühe.

Im Laufe der 50iger Jahre begann auch bei uns die „Modernisierung". Nicht nur der Schlepper hielt Einzug, es wurden auch etliche Pferde verkauft und die Zucht stark vermindert. Über gut 10 Jahre blieben die Pferde parallel zum Traktor wichtig, weil nicht gleich alle Geräte erneuert wurden (Geräte unterscheiden sich deutlich, je nach Traktorzug oder Pferdeanspannung). Auch kam es immer wieder vor, dass der Schlepper sich etwa beim Pflügen „festfuhr". Dann brauchte man Pferde, um ihn wieder rauszuziehen. Hinzu kam, dass mein Vater nicht mit dem Schlepper arbeiten wollte, aber weiter wichtige Arbeiten im Betrieb durchführte. Er achtete schon darauf, sich nicht „die Butter vom Brot" nehmen zu lassen.

Auch die Mengen an Mineraldünger wurden in den 50iger Jahren langsam erhöht, blieben aber immer noch auf niedrigem Niveau (Mitte der 60iger Jahre max. 80 kg Stickstoff je ha). Gefördert wurde der Einsatz von Mineraldünger dabei durch staatliche Zahlungen, die den Dünger verbilligten.

Ebenso wurden auch die ersten Pestizide ausgebracht; es waren sogenannte „Gelbspritzmittel," die dazu führten, dass auch die Pferde nach der Arbeit gelb-grün gefärbte Beine hatten. Dabei saß die Person, die das Pferd lenkte, auf einem Sitz auf der Spritze – offen der Witterung und dem Pestizidnebel ausgesetzt (wenn der Wind aus der falschen Richtung kam).

Mit dem Schlepper wurde auch ein Bindemäher angeschafft, und das Getreidemähen mit der Sichte beendet. Beim Bindemäher ergab sich das

Problem, dass er hinter dem Schlepper gezogen wurde und seitlich vom Traktor das Getreide abmähte und die Garben knüpfte. Damit zum „Anmähen" der Schlepper nicht in den noch stehenden Getreidebestand hineinfahren musste (für Bauern damals ein Sakrileg), blieb die Sichte doch noch im Einsatz: es wurde mit der Sichte „angemäht", so dass für die erste Fahrspur des Schleppers das Getreide bereits geschnitten und in „Puppen" gesetzt war. (Das ging natürlich nur so lange, wie noch jemand da war, der die Technik des Sichtens beherrschte).

Die ersten Mähdrescher tauchten Ende der 50iger Jahre auf – richtige Winzlinge im Vergleich zu späteren Modellen! Neben selbstfahrenden Mähdreschern wie der „Claas Matador" gab es für lange Zeit auch vom Traktor gezogene Mähdrescher. „Claas Junior" war so ein Gerät, das sehr viele Jahre im Einsatz überdauerte. Folge dieser ersten Schritte der Technisierung war, dass die Zahl der Arbeitskräfte sich schnell und deutlich verminderte. Schließlich verblieb bei uns – nachdem mein Bruder einen eigenen Pachthof übernommen hatte – nur noch mein Vater und ein Landarbeiter (Walter Giesenberg) auf dem Hof.

Die Tierhaltung richtete sich vor allem am Umfang des Futters aus, das der Betrieb erzeugen konnte. So hatten wir ein weit vom Hof entfernt liegendes großes Stück Weideland (die „Meede"), für das wir eigentlich nicht genug eigenes Weidevieh hatten. Vater kaufte deshalb im Frühjahr 15-20 halbwüchsige Schafböcke dazu, die zusätzlich auf dieser Weide fressen konnten (im Herbst wurden sie wieder verkauft). Die „Meede" hatte die Eigenschaft, dass sie keinen Zaun hatte, sondern nur durch breite und tiefe Wassergräben von den Nachbarflächen abgetrennt war. Für die jungen Schafböcke hatte das zur Folge, dass sie direkt vom Wagen, mit dem sie hergebracht worden waren, zu ihrem Schreck in einen breiten Graben geworfen und dort auch noch mal kräftig untergetaucht wurden. Als das in einem Jahr wegen eines Protestes meiner Mutter (das sei doch Tierquälerei) unterblieb, hatte das zur Folge, dass die Schafe immer aufs Neue die Gräben durchquerten, sich beim Nachbarn aufhielten und manchmal mühsam gesucht werden mussten. Nach der Kontrolle der Tiere und der Weide wurde immer eine

Teepause gemacht bei der Familie Meyenburg, die in der Nähe zur „Meede" einen sehr isoliert gelegenen Hof bewirtschaftete.

Die Kühe, die mein Vater züchtete („Schwarzbunte Niederungsrinder", registriert im „Verein ostfriesischer Stammviehzüchter"), befanden sich (je nach Witterung) von Ende April bis Anfang November Tag und Nacht auf einer der Weiden. Zugefüttert wurde nicht. Von den 18 Kühen blieben 4 am Hof und wurden von der Mutter gemolken; die 14 anderen wurden von zwei Melkfrauen gemolken (Frau Wilms und Frau Erdwin). Beider Ehemänner waren im Krieg umgekommen; die schmale Witwenrente erforderte einen Zuverdienst. Die Zeit, in der sie aus Altergründen die Melkarbeit aufgaben, wurde auch die Zeit der Umstrukturierung der Milchviehhaltung. Am Hof wurde zusätzliches Ackerland in Grünland eingesät, und alle Kühe blieben am Hof. Eine Melkmaschine wurde angeschafft, erst ein umständliches Gerät mit „Bauchmelker" von der Firma Mélotte, dann eine Absauganlage von Alfa-Laval. Da meinem Vater das ständige Hinknien und „sich wieder aufrichten" beim Melken mit der Maschine schwer fiel, wurde das Melken meine Aufgabe:

Morgens um 5:00 oder 5:30 Aufstehen, Kühe von der Weide zum Hof holen (manchmal machte das mein Vater, manchmal ich). Bei Nebel lagen die ruhenden Kühe wie Buckel auf der Weide und mussten gesucht werden. Waren die Kühe beim Stall angekommen, anbinden und melken, Kühe klopfen und danke schön sagen, sie wieder losbinden; zur Weide zurück gingen sie von alleine: Katzen versorgen mit einer Schüssel voll Milch, schnell sich waschen und Umziehen; die Mutter hatte schon meine ½ Liter fassende „Bierflasche" mit frischer Milch gefüllt und in meine Schultasche gestellt; Frühstücken (meist Zwieback oder Pfannkuchen) und mit größtmöglicher Geschwindigkeit aufs Fahrrad und zum Bahnhof (vom Zug kam meist schon ein bedrohliches Pfeifen); im Zug Schwätzchen halten mit Freunden oder nicht geschaffte Hausarbeiten nachholen; dann gut einen Kilometer mit anderen zur Schule getrottet, Unterricht. Die Milch in meiner „Bierflasche" leerte ich von Pause zu Pause (für Mitschüler aus anderen Klassen wurde ich „der mit der Milchflasche").

Wie es bei meinen Eltern selbstverständlich war, ging die Übernahme von Arbeit mit Übertragung von Verantwortung einher. Ich übernahm nicht nur das Melken mit der Melkmaschine, ich durfte auch die Führung der Zuchtbücher übernehmen. Zucht hatte mich immer sehr interessiert.

Einen für die Rinderzucht erforderlichen Deckbullen hatte unser Hof nicht; wir nutzten den Bullen des Nachbarn mit. Der Nachbar kaufte sich jedes zweite Jahr auf der Auktion des Vereins Ostfriesischer Stammviehzüchter in Leer einen gekörten zweijährigen Bullen, der dann auf unseren beiden und weiteren Betrieben zum Einsatz kam. Außer dass der Bulle gekört sein musste, gab es keine weiteren Überlegungen für die Anpaarung der einzelnen Kühe etwa zur Zucht in Famlienverbänden. Dazu hätten Aufzucht und Körung eigener Bullen aus den guten eigenen Kühen erfolgen müssen.

Der Zeitpunkt der Anpaarung wurde so gewählt, dass die Kühe möglichst zum zeitigen Frühjahr (Februar-April) hin kalbten. Das wurde deshalb so gemacht, damit die Kühe das üppige Gras des Frühjahrs als Futter möglichst gut nutzen konnten. Frühestens 30 Tage nach der Geburt des Kalbes wurde eine Kuh wieder neu gedeckt (meistens aber später).

Dafür zogen wir dann mit der brünstigen Kuh zum Deckbullen des Nachbarn. Meistens graste der Bulle auf einer hofnahen Weide, angepflockt mit einer langen Kette an einem „Tüter" (Langer Eisenstab, der mit einem Vorschlaghammer in den Boden getrieben worden war). Der Deckbulle wurde von der Kette gelöst und mit Hilfe eines kräftigen Steckens und einem daran befestigten „Karabinerhaken", der in den Nasenring des Bullen eingeklickt worden war, zur Kuh geführt. In der Regel kamen beide sehr schnell „zur Sache". Hatte der Bulle zuvor schon eine oder gar mehrere Kühe gedeckt, konnte es dauern, bis die Libido sich wieder regte.

Für Außenstehende klingt der Umgang mit einem erwachsenen Deckbullen (Körpergewicht 6-7 Doppelzentner und mehr) gefährlich. Es kursierten ja auch immer genug Beispielgeschichten, in denen ein Bulle seinen Betreuer oder seine Betreuerin verletzt oder gar getötet hat (so später den ehemaligen Bundeslandwirtschaftsminister Ertl, der als Senior auf dem Hof von Verwandten lebte und mitgeholfen hatte. Er wurde von einem Bullen schwer verletzt und saß danach im Rollstuhl). Tatsächlich ist es auch so, dass Bullen über eine schier unbändige Körperkraft verfügen. Aus dem Grund gehört es zur Vorbereitung eines Kalbes, wenn es später als Bulle zur Körung (=Musterung und Anerkennung durch den Zuchtverband) vorgestellt werden soll, dass es an engen Kontakt mit Menschen gewöhnt wird, damit es sowohl Zutrauen wie auch Respekt lernt. Das geht nur, wenn man sich sehr regelmäßig mit dem Tier beschäftigt. Vor allem muss das Kalb sehr früh lernen, sich am Halfter führen zu lassen und ruhig zu bleiben. Dafür war es eine große Hilfe, dass die Kälber damals üblicherweise noch in der Nähe ihrer Mütter angebunden wurden. Brachte man ihnen die Milch, so ergab sich bei dieser Gelegenheit eine große Nähe zwischen Kalb und Mensch, die für das Kalb angenehm war („Da kommt der mit der leckeren Milch"). Ist das Kalb mit der notwendigen Sorgfalt für sein späteres Leben als Deckbulle vorbereitet worden, dann ist das Risiko im Umgang mit einem Deckbullen vertretbar. Für die landwirtschaftliche Berufsgenossenschaft blieben Deckbullen aber immer „ein rotes Tuch".

Wichtig ist auch, dass ein Deckbulle gern eine feste Bezugsperson hat. Auch Streicheleinheiten hat er gerne; allerdings sollte man das nie mit dem wuscheligen Haarschopf an der Stirn machen, weil dadurch der Bullen auch zum Stoßen animiert werden kann. Nachlässig darf man aber zu keinem Zeitpunkt sein. Geht man auf einen Bullen zu und er senkt den Kopf und fängt mit einem Vorderbein an zu kratzen und gibt zornige Laute von sich, dann sind das die Alarmzeichen schlechthin. Bei so einem Bullen kann Mensch sich nicht mehr sicher fühlen.

Es wurden von unseren Kühen nicht nur alle weiblichen Nachkommen aufgezogen, sondern auch alle Bullkälber. Zu Beginn ihres zweiten Lebensjahres kamen sie auf die Weide. Es waren immer so zwischen 15 und 20 Tiere. Wenn notwendig, waren noch junge Bullen zugekauft worden. Die „Bullenweiden" mussten immer mit 3-4 Reihen stramm gespanntem Stacheldraht und kräftigen Eichenpfählen eingezäunt sein.

Weidebullen, sobald sie ein Jahr oder älter sind, wissen um ihre Kraft und können sich zu Gruppen zusammenrotten. So können sie sich beispielsweise einen Spaß daraus machen, unvorsichtige Hasen zu jagen und zu zertrampeln. Von denen fand man dann nur noch einige Fellreste. Ohne kräftigen Knüppel – besser noch eine Mistforke – und nur zu zweit war es bei uns nicht erlaubt und auch nicht ausnahmsweise, eine Weide zu betreten, auf der sich eine große Gruppe Weidebullen befand. Immer war größte Vorsicht angesagt.

Mein Bruder Rudolf wäre auf seinem Lehrbetrieb durch Weidebullen fast ums Leben gekommen. Leichtsinnigerweise wollte er – weil es wegen irgendwas pressierte – die Bullenweide als Abkürzung nutzen. Als er in der Mitte der Fläche war, bemerkte er, dass die Bullen einen großen Kreis um ihn gezogen hatten und langsam näherkamen. Nur weil er erst die Ruhe bewahrte, dann sehr schnell war und auch noch sehr gut springen konnte (er übersprang den ihn direkt anstürmenden Bullen), schaffte er es, unter den nächsten Zaun hindurch zu hechten und in den Wassergraben zu kullern. Da war er zwar pudelnass, aber in Sicherheit! Er erzählte später, dass er nie zuvor so viel Angst gehabt hatte wie in dem Moment, als er bis zum Bauch im Wasser war und gut 20 tatendurstige Bullen über ihm am Rand der Weide standen! Wie schon gesagt: Bullenweide setzt stabile Eichenpfähle und 3 oder 4 straff gespannte Stacheldrähte voraus!

Im Herbst – nach der Weide – wurden unsere Weidebullen an einen befreundeten Betrieb in Schladen am Harz verkauft, der sie mit Getreideschrot, Schlempe und Zuckerrübenblatt ausmästete.

Immer hatten wir auch noch vier bis fünf Ziegen am Hof. Nicht, damit unsere „Arche Noah" noch besser gefüllt sein sollte, sondern aus medizinischen Gründen. Ziegenmilch wurde von Mutter als Medizin angesehen für uns Menschen, aber auch immer wieder für jene Ferkel, die an der Muttersau kümmerten und einzugehen drohten. Diese Ferkel wurden in die Küche geholt, dann in einen mit Stroh ausgepolsterten Rollwagen (in dem eigentlich ein Vorrat an Torf gelagert wurde) gelegt und in regelmäßigen Abständen mit Ziegenmilch gefüttert – selten, dass ein Ferkel nicht gesund wurde.

Natürlich versuchten wir Kinder, die kräftigen Ziegen – „Weiße Deutsche Edelziege" –- auch für alle mögliche andere Zwecke zu nutzen: Als umkämpfte Herde bei Cowboyspielen etwa oder zum Anspannen vor einen Boller- wagen. Gut geeignet dafür waren die Lederhalfter der Pferde, die sehr gut als Geschirr für die Ziegen dienen konn- ten. Das Ange- spannt-Werden vor den Wagen machten die Ziegen gerne mit

– neugierig wie sie von Natur aus nun mal sind –, aber meine Bemühungen, sie wie ein Gespann nach meinem Willen zu lenken und einen von Ziegen gezogenen Wagen vorzustellen, gelangen nicht. Denkste, nicht mit unseren freiheitsliebenden Ziegen! Jedes Mal, aber wirklich jedes Mal, machten sich die Ziegen nach wenigen Metern selbständig und ich fand mich zerkratzt in irgendeiner Hecke wieder. Ich war neidisch, als ich von meinem späteren Freund Adolf Vienna erfuhr, dass er seinen Bollerwagen mit vorgespannten Ziegen wirklich als Gefährt durch die Gegend kutschieren konnte.

DIE ELTERN

Meine Eltern hatten eine ausgesprochen liebevolle Beziehung, die sie auch auf uns Kinder übertrug. In dieser Beziehung achtete meine Mutter sehr auf Selbständigkeit. So berichtete sie absichtsvoll immer wieder von ihrer großen Freude und ihrem Stolz, als am Tag ihrer Hochzeit sich mehrere geschmückte Leiterwagen, gelenkt von ihrem Vater und ihren beiden Brüdern, von dem elterlichen Hof zu ihrem neuen Hof in Bewegung setzten. Auf den Leiterwagen war ein neues Schlafzimmer, weitere Möbel, Betten und Kleidung verstaut. An den Wagen angebunden folgten zwei kräftige Pferde und vier gute Milchkühe. „Aussteuer" nannte man das damals. (Dabei gab der Hof meiner Großeltern so eine reiche Aussteuer eigentlich gar nicht her. Nur durch das von der NS-Agrarpolitik ausgesprochene Verbot der Zwangsversteigerung hatten sie ihren Hof überhaupt halten können).

Großvater kam aus einer auf der Geest verbreiteten bäuerlichen Tradition, für die der Grundsatz galt „Uns sünd all Kinne gliek lef"; jedes Kind sollte im Erbgang möglichst gleichbehandelt werden. Als dann später von der NS-Agrarpolitik das „Reichserbhofgesetz" durchgesetzt wurde und auch sein Hof zum „Erbhof" erklärt wurde, der nur geschlossen an einen Erben vererbt werden durfte, kaufte er Land – ebenfalls weit über seine finanziellen Verhältnisse hinaus –, damit er auch den nicht den Erbhof erbenden Kindern eigenes Land vererben konnte. Es gab Fälle in Ostfriesland, bei denen sich Altbauern das Leben nahmen, um noch vor Inkrafttreten des NS-Erbhofgesetzes ihren Hof nach den gewohnten Regeln vererben zu können!

In der Landwirtschaft waren bis weit in die Weimarer Zeit hinein auch die Bäuerinnen regelmäßig mit eigenem Geld ausgestattet. Da waren zum einem die „Melkholer" – Menschen aus der Nachbarschaft, die jeden Tag in kleinen „Melkbummen" ihre Milch von dem benachbarten Bauernhof abholten. Das Geld ging an die Bäuerin, da sie (und die Mägde) für alles zuständig waren, was mit Milch zu tun hatte. Dazu gehörten das Melken „von Hand", das Reinigen von Melkgeschirr und Milchkannen und das Tränken der Kälber mit Vollmilch.

Zu Markttagen wurde ein Pferd vor den „Kastenwagen" gespannt – so Erzählungen meiner Mutter – und meine Oma und sie als junges Mädchen verkauften Butter und Käse an die Kunden in der Stadt Norden. Auch diese Einnahmen blieben der Bäuerin. Hinzu kam schließlich noch das „Eiergeld", das sich aus dem Eierverkauf an Privatpersonen oder an ein Lebensmittelgeschäft ergab (Wir hatten gut 50 Hühner).

Diese relativ große finanzielle Selbständigkeit – der Bauer verfügte im Wesentlichen über die Einnahmen aus Getreide und Viehverkauf – endete mit Gründung der Molkereigenossenschaft in Marienhafe. Die Genossenschaft zahlte den Erlös für die von den Höfen angelieferte Milchmenge auf ein Bankkonto ein – und dessen Inhaber war immer der Landwirt! (Dass meine Mutter keine Schecks ausstellen konnte, hat sie immer geärgert). Inhaber des Bankkontos sein, das hieß nämlich auch „Repräsentation" des Hofes „nach außen". Daran, dass im Gegensatz zu den Beziehungen „nach innen" der Mann „nach außen" den Vortritt hatte, trug sicherlich auch das hierarchische Weltbild bei, das die Kirchen damals noch aufrechterhalten konnten.

Mein Vater war ein Bauer, der großen Wert auf sorgfältige Erledigung der Arbeiten legte. Das sah man schon deutlich daran, wie genau den Pferden ihr Arbeitsgeschirr angepasst und angelegt wurde („Brustblatt-Geschirr" aus Leder bei Anspannung vor Ackerwagen oder Kutsche; einfaches Dreiecksgeschirr aus Hanfschnüren mit Lederbesatz für Arbeiten auf dem Acker). Ich kann mich nicht erinnern, dass unsere Arbeitspferde sich jemals – was auf anderen Höfen durchaus vorkam – unter dem Geschirr wundgescheuert hätten.

Ein anderes Beispiel ist das akkurate Pflügen. Jeden Tag wurden vor Beginn der Pflugarbeit ein vom Schmied geholtes und neu geschärftes Schar an den Pflugkörper angeschraubt. Dadurch wurde die Arbeit für die Pferde und die Exaktheit beim Pflügen erleichtert. Exaktheit beim Pflügen war damals sehr wichtig, weil es keine Pestizide gab, durch deren Einsatz auflaufende Unkräuter/Beikräuter wieder „beherrscht" werden konnten. Das galt vor allem für die Quecke, die bei schlechter Pflugarbeit sich schnell ausdehnen konnte. Das „Geheimnis" bei gutem Pflügen war übrigens die Einstellung des Pfluges. Da gab es zwar keine sehr große Auswahl, aber es war überaus wichtig, genau die richtige Einstellung zu finden. Sonst gab es nicht nur schiefe Furchen, sondern vor allem eine Überlastung der Pferde und ein Herumgestolpere für den Pflüger.

Alle Mitarbeiter auf unserem Hof waren (oder wurden) gute Pflüger. Trotzdem behielt sich mein Vater das Vorrecht vor, die „letzte Furche" zu pflügen. Gerade sie war wichtig, um das Einwandern der Quecke von den Rändern her zu vermeiden. Wenn die Pflugarbeit beendet war, wurde – heute gar nicht mehr vorstellbar – der letzte Quadratmeter Acker, der in den Ecken vom Pflug – trotz Rückwärtsrichten von Pflug und Pferden – nicht sauber gepflügt werden konnte, mit dem Spaten umgegraben.

Die große Leidenschaft meines Vaters war zweifellos die Zucht der schweren Arbeitspferde der ostfriesischen Rasse (organisiert im „Ostfriesischen Stutbuch). Wenn er von der Milchleistungskontrolle als Züchter mit über dem Durchschnitt liegender Leistung der Milchviehherde herausgestellt wurde, dann freute ihn das. Wenn er aber auf einer „Angeldschau" des „Ostfriesischen Stutbuchs" in Norden oder Aurich für die von ihm gezüchteten dreijährigen Stuten ausgezeichnet wurde und seine Stuten im Ring vorne rangiert wurde, dann sah man den Züchterstolz!

Apropos im Ring führen: das war in den ersten Jahren die Aufgabe
meines Bruders
Rudolf, später
dann meine. Wir
beide hatten
auch wohl von
uns vier Jungens
vom Vater die
„meisten Pferde-
haare im Bauch"
mitbekommen.
Rudolf setzte
dann, nachdem
er selber einen
Hof gepachtet hatte, die Pferdezucht in kleinem Ausmaß fort.

Zu den Ausstellungsorten wurde hin geritten. Die 2-3 jungen Stuten
wurden an den Ringen im Zaum (von Kopf zu Kopf) miteinander
verbunden. Auf dem Pferd am linken Flügel saß der Reiter, zumeist
ohne Sattel, der mit einem langen Zügel das innen wie an das außen
gehende Pferd durch Zupfen am Zügel beeinflussen konnte. Kam mal
ein Bus oder ein LKW, konnte es für Pferde wie für Reiter unruhig
werden – ein Gespann, dass viel Zutrauen erforderte!

So sorgfältig auf sauberes Arbeiten Wert gelegt wurde, so sorgfältig
wurde auch der Verkauf von Getreide, Zucht- und Schlachtvieh
vorbereitet und durchgeführt (Es gab nichts zu verschenken). Außer bei
der Milch, bei der schon damals (wie heute übrigens immer noch)
entgegen allen Regeln der Marktwirtschaft allein die Molkerei über den
Auszahlungspreis entschied, spielte der private Handel noch eine sehr
wichtige Rolle (für die Milch erhielten die Milchbauern Mitte der 50iger
Jahre übrigens um 32 Pfennig/kg). Landwirtschaftliche Genossen-
schaften gab es natürlich auch, hatten aber (außer bei den Molkereien) in
Ostfriesland keine größere Bedeutung.

Wenn ein Rind zu verkaufen war, wurde das als Mitteilung bei passender Gelegenheit, beispielsweise beim regelmäßigen Besuch beim Barbier, angesprochen. (Einen elektrischen Rasierapparat gab es noch nicht. Wollte man sich als Mann keinen Bart stehen lassen, so musste man regelmäßig den Friseur aufzusuchen). Es dauerte nicht lange, und der erste Viehhändler kam per Fahrrad auf den Hof. Lange und ausführlich wurden von meinem Vater alle Vorzüge des Tieres herausgestellt, lange und ausführlich wurde vom Händler auf die Mängel des Tieres hingewiesen und die mal wieder schlechte Marktlage beschworen. Was bietest Du? Was willst Du haben? Probeweise schlug man sich schon mal laut klatschend in die Hände, wohl wissend, dass es noch dauern würde. Dann kam irgendwann der zweite Händler. Das Ritual wiederholte sich. Ich habe mich immer wieder gewundert, wie lange sich das Hin und Her hinziehen konnte, bis es endlich (endlich!) zum erlösenden Handschlag kam. (Ein Handschlag unter Zeugen ist bis heute übrigens genauso rechtsverbindlich wie ein schriftlicher Vertrag!)

In der Regel musste das verkaufte Tier zum vereinbarten Termin zum „Hotel Waage" im Nachbarort Marienhafe geführt werden (im Gegensatz zu heute waren damals alle Tiere „halfterführig"). Dort wurde gewogen und bezahlt. Wir Kinder haben diesen Weg zur „Waage" mit dem verkauften Rind am Strick gerne übernommen, auch wenn mal ein Tier störrisch sein konnte, weil wir vom Käufer das sogenannte „Taugeld" bekamen. In einer Zeit, in der regelmäßiges Taschengeld unbekannt war, waren das ein paar wichtige Markstücke.

Ab Mitte der 50iger Jahre beschickte mein Vater auch die Zuchtviehauktion des Vereins ostfriesischer Stammviehzüchter in Leer. Damals wurden die Rinder noch hochtragend verkauft (d. h., vor der Geburt des Kalbes) – mal mit mehr, mal mit weniger Erfolg. Was beim privaten Handel viele Stunden dauern konnte, erledigte der Auktionator in wenigen Minuten: „Noch ein Gebot? Kein Gebot mehr?" und der Rosenholzhammer des Auktionators fiel. Alles sehr aufregend und spannend.

Die Rinderauktionen waren denn auch immer ein großes „sehen und gesehen" werden. Wer bietet was an, wer hat mal wieder die bestbezahlten Tiere? Man pflegte Bekanntschaften, half sich bei der Arbeit mit den ausgestellten Tieren. Zu den Auktionen gehörte auch, dass man sich „einen Namen" machte; Züchterhierarchien wurden so auf- aber auch abgebaut. Ein erfolgreicher Züchter sein, das wog bezüglich des persönlichen Ansehens damals sehr viel in der traditionellen Hochzuchtregion Ostfriesland!

Ähnlich wie beim Verkauf von Tieren ab Hof war es übrigens auch beim Verkauf von Getreide. Da trudelte der erste Getreidehändler prompt dann ein, wenn die Dreschmaschine gerade mit ihrer Arbeit begonnen hatte. Für Weizen erlösten die Bauern Mitte der 50iger Jahre um 41 DM/dz (nominell doppelt so viel wie aktuell). Dreschmaschine – das war immer ein großes Ereignis! – Schon wenn das Ungetüm aus Dreschkasten und Strohpresse von einem „Lanz-Bulldog" die Auffahrt zum Hof hochgeschleppt wurde. Dann das umständliche Aufstellen der Anlage, bis der Einsatz beginnen konnte. Gefährlich war der Betrieb allein schon wegen des offenen Antriebsriemens, mit dem die Kraft vom Schwungrad des „Bulldogs" auf Dreschkasten und Strohpresse übertragen wurde. Bis zu 20 Männer waren erforderlich vom Einlegen der Getreidegarben in das Schneidwerk der Dreschmaschine bis zum Absacken des Getreides und dem Pressen der großen Strohballen, dem Transport der Getreidesäcke (50 kg !) auf dem Rücken hoch zum Getreideboden und der Strohballen auf den Stapelplatz in einem der Gulfe. Für die Getreidesäcke gab es immerhin eine Vorrichtung an der Dreschmaschine, mit der die Säcke auf mechanischem Wege soweit angehoben wurden, dass der Träger sich darunter stellen und den Sack auf seine Schulter gleiten lassen konnte. Bei den Strohballen mussten dagegen mehrere Männer helfen, um den schweren, mit Draht zusammengehaltenen Ballen auf den Rücken des Trägers zu wuchten – schwere Arbeit unter der Aufsicht eines „Kolonnenführers" und des Traktoristen, der Vorarbeiter-Status hatte. Auf dem Hof der Eltern kam die Dreschmaschine immer von der Firma „Stürnberg" aus Upgant-Schott.

Ein großes Ereignis war die Dreschmaschine auch für meine Mutter und für die Mägde. 20 Männer mit großem Appetit mussten zusätzlich zu den 10 Personen, die den eigenen Haushalt ausmachten, bekocht werden. Im Gegensatz zu manch anderen Höfen, wo den Dreschmaschinenarbeitern immer nur „Karmelkbre" und Brot oder Erbsensuppe gereicht wurde, gab es bei uns immer ordentlich kräftiges Essen.

Ich habe mich später oft gefragt, wie die Arbeiter an der Dreschmaschine die schwere Arbeit überhaupt über längere Zeit aushalten konnten. Das Wichtigste war wohl, dass die Arbeit an der Dreschmaschine – wie überhaupt damals alle Arbeiten in der Landwirtschaft – einen angemessenen Rhythmus hatte einschließlich regelmäßiger Arbeitspausen. Beginn der Drescharbeit (meiner Erinnerung nach) war 07:00 Uhr; 10:00 -10:30 war Teepause; 12:00 bis 13:00 Mittagspause; 16:00 bis 16:30 Teepause. Arbeitsende? In den ersten Jahren nach dem Krieg galt noch die 6-Tage-Woche. Hektik wäre bei dieser Arbeit „tödlich" gewesen. Trotzdem kam es oft genug zu körperlichen Überforderungen. So hatte Herr Klar , Schwiegervater meines jüngeren Bruders, in allzu jungen Jahren die schweren Säcke über ausgetretene Stufen hoch auf Getreideböden tragen müssen. Er trug Verwachsungen im Rücken davon, die ihn sein Leben lang beeinträchtigten. Dreschmaschinenarbeiter gehörten damals übrigens zu den wenigen Landarbeitern, von denen sich manche auch gewerkschaftlich organisierten. Mit dem Aufkommen des Mähdreschers verschwanden dann auch die Dreschmaschinen.

Sehr konservativ war mein Vater bei allem, was mit Kreditaufnahme zu tun hatte. Als Jugendlicher hatte er nach dem 1. Weltkrieg die Inflation, dann 1923 die „Roggenmark" und 1928 den Zusammenbruch der Wirtschaft in der Weltwirtschaftskrise mit erneuter Inflation erlebt („Eine Mark, eine Million"); nach dem Krieg dann die Währungsreform von 1948, die mit dem Verlust allen Barvermögens einherging. Nach Erinnerung meines Bruders Ubbe hatte mein Großvater väterlicherseits damals so viel Reichsmark auf dem Konto, dass er seinen Pachthof hätte damit kaufen können. Das war mit der Währungsreform dann von einem Tag auf den anderen „perdu". Nur die Aktien wurden im

Verhältnis 1:1 umgetauscht; Aktien zu besitzen war für Bauern aber nicht angesagt. Auf Sparer glaubte die Regierung Adenauer wohl keine Rücksicht nehmen zu müssen, auf Aktionären dagegen sehr wohl.

„Schulden" waren deshalb für meinen Vater so etwas wie ein „Teufelswerk". Erst über Sparen das Geld zusammentragen, dann kaufen! Sein passender Ausspruch dazu war stets: "Du salt Pultstock ne wiede setten, as Du springen kannst". (Erklärung/Übersetzung: Wenn Bauern und Jäger in früheren Jahren über die Felder gingen, benutzten sie einen „Pultstock", um über die vielen Gräben zu kommen, ohne sich nasse Füße zu holen. Eine kräftige Stange wurde – mit Anlauf – in die Mitte des Grabens aufgesetzt, so dass der Schwung einen dann auf die andere Seite beförderte – wenn man es richtig gemacht hatte. Hatte man dagegen die Stange zu weit gesetzt, dann „Platsch"). (In Holland wird das Pultstockspringen als Sport immer noch kultiviert).

Wegen seiner konservativen Haltung in Finanzfragen hätte es meinem Vater sicher sehr gefallen, wenn er in meinem späteren Studium an der Landwirtschaftlichen Hochschule Hohenheim hätte zuhören können. Noch in den 60igerJahren hatten betriebswirtschaftliche Aussagen immer noch als Bezug den „schulden- und pachtfreien Betrieb". Das betriebswirtschaftliche Modell war immer noch ein Hof ohne Schulden (Kredite) und ohne Pachtzahlungen. Natürlich sah damals die reale Landwirtschaft schon deutlich anders aus. Die jüngeren Professoren warfen die Vorstellungen dann schnell über Bord.

Bei jüngeren Landwirten, die in ihrer Ausbildung schon die Wachstumsideologie eingetrichtert bekommen hatten, galt Vorsicht bei der Kreditaufnahme natürlich als „altbacken" und absolut „von gestern".

Die 50iger Jahre waren auch der Beginn einer allgemeinen Propaganda für die angeblich so wunderbaren neuen landwirtschaftlichen Errungenschaften. Diese Erzählungen („framing" würde man später sagen) waren notwendig, um Zweifel und Beharren auf traditionelle Methoden möglichst schnell zu überwinden. Ich war dem damals nicht direkt ausgesetzt; das geschah erst später bei meinem Studium an der landwirtschaftlichen Hochschule Hohenheim in Stuttgart-Hohenheim.

Zu den Fahrschülern gehörten auch viele Bauernkinder, mit denen ich befreundet war. Wir spielten nicht nur Karten, sondern unterhielten uns auch über das, was man von den Lehrern lernen sollte. Unter den älteren Bauern gab es anfangs eine verbreitete Skepsis gegen den Einsatz von Traktoren ihres großen Gewichtes und der Kosten wegen. Sie wussten aus ihrer Arbeit mit den Pferden aus eigener Erfahrung sehr genau, wie schädlich Bodenverdichtungen waren. Dagegen hörten die jungen Bauern von ihren Lehrern, dass die – im Vergleich zu den Pferden – hohen Gewichte der Schlepper gar kein Problem seien, weil durch die hohen und breiten Reifen bzw. über die an den Rädern angeschraubten „Gitterräder" für eine gute Verteilung des Gewichts gesorgt sei. Es tauchten im landwirtschaftlichen Lehrmaterial Bilder auf von der „Druckzwiebel", die sich bei Bodendruck ausbildet. Geradezu winzig sei die Druckzwiebel unter dem Rad eines Traktors, viel größer unter dem Huf eines Pferdes und – um wohl Humor hineinzubringen – am schlimmsten unter dem Pfennigabsatz eines Damenschuhs. Lange haben wir darüber diskutiert, ob denn das wirklich stimmen könne – und natürlich stimmte es nicht (Druck lässt sich zwar anders verteilen, aber aus physikalischen Gründen prinzipiell nicht vermindern).

Ein weiteres Thema waren die „Milchaustauscher". Die sollten die Landwirte kaufen, und statt Vollmilch als Tränke für die Kälber einsetzen. Milchaustauscher seien erstens preiswerter und zweitens auch besser, weil sie nach „wissenschaftlichen Erkenntnissen" zusammengesetzt seien. Hintergrund dieser Werbung war, dass die Molkereien traditionell die Magermilch zu einem günstigen Preis an die Bauernhöfe zurückgeliefert hatten. Dort war sie ein wertvolles Futtermittel vor allem für die Kälber, aber auch für die Schweine. Für die Frauen auf dem Hof war die Rücklieferung allerdings mit zusätzlicher Arbeit verbunden, denn die Milchkannen, in denen Magermilch transportiert worden war, waren schwierig zu reinigen. Statt kostengünstige Rücklieferung sollte über das Trocknen der Magermilch ein neues Geschäftsfeld für Molkereien geschaffen werden. Die hohen Investitionen in Trocknungstürme waren wiederum ein Grund für Fusionen unter den Molkereien.

Die neuen „Milchaustauscher" enthielten bald allerdings nicht nur Magermilchpulver – das sei zu teuer –, sondern viele andere Produkte, die Fett oder Eiweiß enthielten und preisgünstig waren.

Weil natürlich Vollmilch für die Kälber deutlich bekömmlicher war und zu einem besseren Wachstum führt, blieben die Milchaustauscher übrigens von Anfang an für Biobetriebe verboten. Es sollte einige Jahrzehnte dauern, bis der eigentliche große „Knall" kam. Aus Kostenründen war in Milchaustauschern in den 90iger Jahren auch Fett aus Tierkörperbeseitigungsanlagen beigemischt worden. Da (nur in England) in diesen Fetten auch der Auslöser für die furchtbare Rinderkrankheit BSE enthalten sein konnte, wurden die Milchaustauscher zum europaweiten Verbreiter dieser Krankheit – nur in England deshalb, weil die Regierung Thatcher als Teil ihrer neoliberalen Politik den Tierkörperbeseitigungsanlagen erlaubte, die früher von Veterinärmedizinern als unbedingt notwendig angesehenen sehr hohen Temperaturen – noch dazu unter Druck! – zu reduzieren. Das erlaubte dem Auslöser des BSE, zu überleben. Wer dieser Auslöser ist, konnte übrigens nicht geklärt werden.

Die 1950er Jahre waren auch der Beginn der künstlichen Besamung (KB) in der Rinderzucht. Da in jener Zeit auch die Bekämpfung von Rindertuberkulose und Deckseuchen wichtige Aufgaben für die Zuchtverbände wie für die Bauern waren, „zog" das Argument, die KB sei sehr viel hygienischer wie der Natursprung. Weitere Argumente wie die Beschleunigung des „Zuchtfortschritts" durch stärkere Verwendungsmöglichkeit für die sehr guten Bullen über Besamung statt Natursprung kamen hinzu. In Georgsheil – auf dem Hof des Bauern Uphoff – wurde von einer Genossenschaft die erste Besamungsstation eingerichtet, die ersten Bullen wurden aufgestellt und der erste Besamungstierarzt (Dr. Schecker) angestellt. Die KB setzte sich anfangs nur sehr langsam durch. Groß war die Skepsis bei vielen Bauern. Ein bedeutendes Argument war, die KB würde die Zahl der benötigten Bullen stark vermindern und dadurch die Zucht für die Bauern uninteressanter machen. Begleitet wurde diese Skepsis auch von vielen anzüglichen Witzen wie dem von einer Bäuerin, der dem Besamungstierarzt sagte „Da ist ein Haken, an dem sie ihre Hose aufhängen können. Ich will von der Schweinerei nichts sehen".

Sehr heftig und einflussreich war auch die Ablehnung der KB durch den damals deutschlandweit berühmten Zuchtleiter des Vereins Ostfriesischer Stammviehzüchter, Dr. Köppe. Er beendete jeden Vortrag, so lange er lebte, mit dem Satz: "Und Gott schütze uns vor der künstlichen Besamung". (Er starb 1956). Die Befürchtung, dass die KB schnell – wie er befürchtete – zu einer Inzuchtzunahme und zu einer Zunahme genetisch bedingter Rinderkrankheiten führen würde, bestätigten sich aber erst viele Jahrzehnte später. Spätestens mit der Durchsetzung der genomischen Zuchtmethode Ende der 90iger Jahre war aber eindeutig, dass die Epoche, in der bäuerliche Züchter einen großen Einfluss auf die züchterische Entwicklung hatten, vollständig vorbei war. Züchter sind seitdem nur noch Zuchtverbände und private Zuchtunternehmen. Die Bauern sind für die Zucht nur noch notwendig als Käufer von Bullensamen. Bei anderen Nutztierarten wie Puten und Gänsen ermöglichte erst die Technik der KB, dass sich grobe Fehlentwicklung breit machen konnten – so bei Puten, wo die Puter so schwer und ihre Ständer so schwach geworden sind, dass sie den Natursprung nicht mehr ausführen können.

VORRATSHALTUNG

Versorgung der Höfe mit Lebensmitteln hatte als Grundlage eine weitgehende eigenständige Erzeugung und eine auf mindestens ein Jahr ausgerichtete Vorratshaltung. Die war weitestgehend Aufgabe der Frauen. Vor unserem Hof gab es bis zur Dorfstraße (tatsächlich war es viele Jahre keine Straße, sondern ein mit Schlacke befestigter breiter Weg) eine Ackerfläche von 75 oder 80 Meter Seitenlänge. Die Gesamtfläche dürfte um 1 Hektar groß gewesen sein. Etwa ein Drittel wurde bei jährlichem Wechsel für den Anbau von Gemüse genutzt. Kartoffeln wurden dagegen in einem Teilpachtsystem gemeinsam mit anderen Familien – oft Flüchtlingen – auf einem „normalen" Feldstück angebaut.

Das System bei Kartoffeln sah folgendermaßen aus: Vorab wurde geklärt, welche Fläche jede Familie nutzen wollte und wie der Ertrag mit dem Bauer aufgeteilt werden sollte. Das Feld wurde im Frühjahr mit Stallmist gedüngt. Zur Pflanzzeit der Kartoffeln wurde gepflügt, und jede der beteiligten Familien drückte in ihrem vereinbarten Abschnitt die Saatkartoffeln in die Erde. Nach Auflaufen der Kartoffelpflanzen häufelte mein Vater mit einem speziellen „Häufelpflug" die Kartoffelreihen an. Die folgenden Pflegearbeiten (einschließlich Absammeln von Kartoffelkäfern) waren dann die Angelegenheit der jeweiligen Familie. Geerntet wurden die Kartoffeln mit einem Roder, der die Kartoffeln auf das schon abgeerntete Feld schleuderte. Jede Familie sammelte für ihre Fläche die Knollen ein. Hinterher wurde das noch übrig gebliebene Kartoffelkraut auf Haufen zusammengeworfen und angezündet. Die darin gebackenen Kartoffeln waren –trotz schwarz verbrannter Schale – eine Köstlichkeit. Kartoffelernte war immer ein großes Ereignis. War die

Ernte größer ausgefallen wie erwartet, wurde ein Unternehmer bestellt, der einen Kartoffeldämpfer hatte. Nach dem Dämpfen wurden die Kartoffeln einsiliert und dienten als Futter für die Schweine.

Auf der Ackerfläche vor dem Hof wurden jede Mengen Möhren, Weiß- und Rotkohl, Wirsing, Kohlrabi, Rosenkohl, Blumenkohl, Gurken, Stangenbohnen und vieles, vieles mehr angebaut. Salate spielten dagegen keine große Rolle; Tomaten und Paprika gab es gar nicht. (Der in der ostfriesischen Küche so beliebte Grünkohl wurde gemeinsam mit dem für die Fütterung der Kühe genutzten Blaukohl und Markstammkohl auf einem normalen Acker angebaut). Jede Menge Pflegearbeit war erforderlich, bis diese Pflanzen dann geerntet werden konnten. Weißkraut wurde zu Sauerkraut verarbeitet, eingelegt und festgestampft in großen Tongefäßen; grüne Bohnen oder Stangenbohnen wurden zerkleinert, gesalzen und als „Schnippelbohnen" in große Tongefäße eingelegt. Man musste durch regelmäßige Kontrollen darauf achten, dass dieses eingelegte Gemüse durch Milchsäuregärung auch wirklich haltbar wurde.

Der größte Teil der Bohnen wurde aber nicht geschnippelt, sondern aufgefädelt auf Schnüren, die genau so lang waren, dass sie zwischen zwei Deckenbalken in der Küche zum Trocknen aufgehängt werden konnten („Updrögt Bohnen"). Diese Arbeit wurde von allen, die am Hof lebten, nach dem Abendessen in großer Runde am Küchentisch gemacht. Das Torffeuer im Ofen sorgte für Wärme, Geschichten, die dabei erzählt wurden, für Unterhaltung. Aufpassen musste man trotzdem, dass man sich mit der groben Nadel, mit der die Schoten durchbohrt und aufgefädelt wurden, nicht in den Finger piekste. Wenn alle Bohnen eingefädelt waren, ergaben sie mit Würsten, Schinken und Speckseiten den „Himmel". Der Herd mit einem Feuer aus Torf sorgte über Wochen für die notwendige Wärme, die für die Trocknung der Lebensmittel erforderlich war.

Neben dem Trocknen und Einsäuern spielte das Einkochen in großen Gläsern (später auch in Dosen aus Weißblech) eine wichtige Rolle. Als große Sicherheit für den Haushalt reihten sich schließlich in langen Regalen im Keller dutzende von Gläser und Büchsen mit eingemachtem

Rotkohl, Möhren, süß-sauren Gurken und vielem mehr. Bei Familienbesuchen wurden diese Schätze gern den Frauen vorgeführt. (Die Männer inspizierten stattdessen den Kuh- und Pferdestall, ob auch da alles so aussah, wie es erwartet wurde). Das waren dann bisweilen Anlässe für spitze Bemerkungen.

Neben der Vorratshaltung mit Gemüse waren die Hausschlachtung und die Verarbeitung selbstverständlich. Pro Jahr wurden für unseren Haushalt in der Regel 2 Schweine (zwischen 150 und 200 kg Lebendgewicht) und ein zwei- oder dreijähriges Rind geschlachtet. Das war auch die große Stunde der Frauen (Mein Vater „verdrückte" sich nach Möglichkeit, weil er beim Schlachten nicht dabei sein mochte). Anders meine Mutter. Sie entschied mit dem Hausschlachter, was hergestellt werden sollte. Die verwendeten Gewürzmischungen blieben aber immer Angelegenheit (und Geheimnis) des Schlachters. Deshalb schmeckten die Würste immer unterschiedlich, je nachdem, welcher Fleischer sie gefertigt hatte. Nach dem Töten des Schweines musste das austretende Blut in einer großen Schüssel aufgefangen und gerührt werden, damit es für die Herstellung der Blutwurst verwendet werden konnte. Wir Kinder wurden von der Mutter auch angehalten, dabei zu helfen. Das kostete Überwindung, gehörte aber dazu. Die abgeschabten Borsten und die abgezogenen Zehennägel gehörten übrigens zu den wenigen Körperteilen des Schweines, die nicht verwertet wurden (Nicht verwertet wurden auch die Galle und das Hirn). Bevor es Flüchtlingsfamilien bei uns auf dem Hof gab, wurde auch die Lunge nicht genutzt. In Schlesien wurden aber auch aus der Lunge Lebensmittel hergestellt mit der Folge, dass die bei uns wohnenden Flüchtlingsfamilien auch mit der Lunge etwas anfangen konnten. (Nachdem sie weggezogen waren, wurde die Lunge nicht mehr verwertet). Auch das am Kopf anhaftende besonders kräftige Fleisch wurde verwendet. Der Kopf wurde gekocht, und das Fleisch mit einem scharfen Messer „abgepflückt". „Plückfinken" hieß dann das bald nach dem Schlachten daraus hergestellte Gericht. Man brauchte kräftige Backenmuskeln für den Verzehr und als Beilage gab es immer süß-saure Gurken.

Nachdem der Tierkörper „rein" gemacht war (übergießen mit kochend heißem Wasser und dann Abschaben mit Bechern aus Metall), wurde er aus dem Schlachttrog angehoben und auf eine zuvor pingelig gesäuberte Holzleiter gelegt und an den Hinterbeinen daran festgebunden. Danach wurde die Leiter angehoben und möglichst steil an eine Wand angelehnt. Das machte meistens mein Bruder Rudolf, der stark genug war, um das allein zu schaffen. (Ein schieres Wunder ist es, dass er auch Jahre später keine Probleme mit der Wirbelsäule hatte. An anderen Orten nutzte man dafür klugerweise schon einen Flaschenzug). Nachdem die Leiter aufgestellt war, wurde der Tierkörper in der Mitte geteilt und verblieb so für eine Nacht, um auszukühlen. Die Innereien (Herz, Leber, Nieren) wurden entnommen und gereinigt. Der Schlachter reinigte auch schon mit größter Sorgfalt die Därme, um sie am nächsten Tag für die Herstellung der Wurst verwenden zu können. Die Blase wurde dagegen aufgeblasen, und wir Kinder nutzten sie – solange sie es aushielt – als Fußball. Wenn alles soweit geschafft war, gab es einen „Dornkaat" (ein hochprozentiger Getreideschnaps, der in der gleichnamigen Brennerei in Norden hergestellt wurde).

Entweder am späten Nachmittag oder am Morgen des nächsten Tages kam der Tierarzt zur Beschau. War alles in Ordnung (vor allem keine Trichinen bzw. Leberegel), stempelte er das Fleisch und gab es damit für die weitere Verarbeitung frei. (Meiner Erinnerung nach wurden Schweine nur dann nicht als Schlachttiere verwertet, wenn der Tierarzt Rotlauf als Krankheit festgestellt hatte. Das geschah nicht oft, aber es konnte doch passieren).

Der nächste Tag begann dann mit Zerteilen, Zuschneiden und auch kleinschnipseln von Fleisch und Fett. Was als Braten, Kotelett oder ähnliches verzehrt werden sollte, wurde angebraten und dann in großen Gläsern eingekocht. Was „in die Wurst" ging, wurde im „Wurstkessel" gekocht, klein gemahlen, in Därme gedrückt, auf Länge gedreht, abgetrennt und dann ebenfalls zum Trocknen aufgehängt im „Himmel" unter der Küchendecke (als „Rote Wurst", als „Pümmelwurst", als Blutwurst, als Leberwurst). Schinken und Speckseiten wurden gesalzen, z. T. fortgegeben zum Räuchern, danach in feine Tücher eingenäht und dann ebenfalls „im Himmel" aufgehängt. Die feinen Tücher und das sorgfältige Einnähen waren sehr wichtig, um zu verhindern, dass Fliegen ihre Eier ablegen konnten. (Sollte trotz aller Vorsicht beim Anschneiden eines Schinkens sichtbar werden, dass doch eine Fliege einen Weg gefunden hatte und Maden sich vergnügten, dann grummelte die Mutter gleich mehrere Tage).

Beim Schlachten des Rindes wurde im Prinzip genauso verfahren. Als ostfriesische Besonderheit wurden aber auch beim Rind aus der Hinterkeule Rinderschinken hergestellt. Der ostfriesische Name „Nagelholz" verrät schon eine wichtige Eigenschaft: so hart, dass man damit einen Nagel in die Wand schlagen kann! Außerordentlich lecker, aber nur in hauchdünn mit sehr scharfem Messer geschnittenen Scheiben zu verzehren. (Ein wenig ähnlich, aber nicht identisch, mit dem „Bündner-Fleisch" in der Schweiz). Es kam vor, dass auch mehr als ein Rind pro Jahr geschlachtet wurde. Das war dann der Fall, wenn ein Tier gesundheitliche Probleme zeigte. Bevor es ernstlich krank wurde, wurde es getötet und anschließend verarbeitet. Dass Tiere einfach tot im Stall liegend gefunden wurden, war wirklich äußerst selten. Das war dagegen anders, wenn schwächere Tiere im öffentlichen Schlachthof in Norden geschlachtet worden waren. Dann konnte es geschehen, dass der Tierarzt, der die Fleischbeschau machte, den Schlachtkörper „verwarf". Er kam aber in vielen Fällen trotzdem nicht in die Tierkörperbeseitigungsanstalt, sondern wurde gekocht und als „Freibankfleisch" in einer gesonderten Verkaufsstelle an Personen mit geringem Einkommen verkauft.

Die Vorratshaltung änderte sich wesentlich, als Ende der 50iger Jahre die Gefriertruhe ihren Einzug hielt. Der Strombedarf stieg durch Gefriertruhe(n) und Kühlschrank allerdings auch deutlich an. Traurig konnten einem die langen Reihen der Einmachgläser stimmen, die über viele Jahre so wichtig gewesen waren, und nun auf ihren Borden im Keller vor sich hin staubten. Weggeworfen wurde der Großteil erst, als das Wohnhaus neu gebaut wurde. Ein kleiner Teil wurde aber weiter im neuen Keller aufbewahrt („Man kann ja nie wissen").

GERICHTE/SPEISEN

Frühstückszeit war zumeist zwischen 07:00 Uhr und 07:30 Uhr. Da waren die Tiere bereits versorgt, und der Melkwagen hatte die Milchkannen (später: Milchtanks) bereits abgeholt. Ein erstes Durchschnaufen war angesagt. Für uns Kinder hieß es dagegen „mok fix". Die Volkschule begann um 08:00 Uhr, und da war noch ein Fußmarsch erforderlich. Wer nach Norden zur Schule wollte, musste zusehen, dass er den Zug erwischte. Der fuhr in der Regel um etwa 07:15 Uhr, und da war noch ein mit dem Fahrrad zurückzulegender Weg von etwa 1 km abzustrampeln. Folge: Vater schaute schon mal in die Tageszeitung und nahm ein kräftiges Frühstück zu sich, gerne Spiegeleier mit Schinken. Wir Kinder hatten es dagegen eilig. Beliebt waren deshalb Zwieback mit Milch. (Der Zwieback sah gänzlich anders aus wie heute. Er hatte etwa die Form eines Milchbrötchens, in der Mitte durchgeschnitten). Dazu gab es einen Klacks Butter und Sahne. Auch Pfannenkuchen gab es häufig. Das Problem war nur, dass er so lecker war, dass die Lokomotive schon in bedenklicher Nähe pfeifen musste, um uns aufs Fahrrad zu scheuchen. Beliebt war auch Karmelkbre, eine dicke Suppe aus Buttermilch, Grütze und einen ordentlichen Klecks Sahne.

Abendessen gab es zumeist ab 18:00 Uhr. Da waren die Tiere alle versorgt, und die Feldarbeiten waren geschafft. Wohlige Müdigkeit begleitete das Essen. Neben Karmelkre gab es öfters Bratkartoffel, manchmal mit Resten vom Mittagessen. Am Sonntag wurde übrigens nie – und zwar wirklich nie – gearbeitet, egal wie laut Heu und Getreidegarben riefen: Holt uns doch rein, der Regen kommt!

Zu Frühstück, Mittagessen und Abendessen sowie zu den kurzen Pausen ab 10:00 Uhr und ab 16:00 Uhr gab es immer Ostfriesentee mit Klumke (=Kandis) und „Rohm" (= Sahne, abgeschöpft von einer Schüssel mit Milch) („Dre Tasen is Ostfresenrecht"). Es gab immer drei Tassen, nicht mehr und nicht weniger. Die ostfriesische Teetasse war eher klein (weit entfernt von einem Becher!), damit man in jeder Tasse Tee drei Geschmackszonen erleben konnte: Der erste Schluck war geprägt durch die Sahne, im zweiten berührten sich Sahne und Kandis, und der dritte Schluck wurde beherrscht von der Süße des Kandis, (Hätte es mehr als drei Tassen je Teepause gegeben, hätten die Ostfriesen wegen der Klumkes wohl schon in jungen Jahren keine Zähne mehr im Mund gehabt). Natürlich gab es neben den einfachen Tassen für die Werktage auch die „Prachttassen" für den Besuch. Es war feines Porzellan mit einem charakteristischen Rosenmuster. Der Tee kam historisch gesehen übrigens nicht als wichtiges Exportgut nach Ostfriesland (und England), sondern als Füllstoff. In Teeblättern versenkt war das teure, aus China importierte Porzellan, und wurde so geschützt beim langen Schifffstransport. Es gibt da übrigens die Geschichte, dass es vor allem Pfarrer waren, die den Ostfriesen das Teetrinken ans Herz gelegt hatten. Der Tee sollte helfen, den Alkohol zu verdrängen.

Natürlich gab es – wie überall – so auch in Ostfriesland landestypische Gerichte und Getränke. Generell galt: alle Beteiligten – Frauen wie Männer – hatten eine 6-Tage-Woche, lange Arbeitstage und verrichteten viel körperliche Arbeit. Eine Küche, die auf viel Energie achtete, war selbstverständlich. Allerdings war es nicht so, dass es jeden Tag eine dick bepackte Fleisch- und Fett-Schüssel gegeben hätte. (Ein gutes Stück Fett war übrigens mindestens so beliebt wie Fleisch! Das setzte aber eine entsprechende Fütterung der Tiere voraus! Mit Wabbelfett, wie es sich bei einer Schnellmast einstellt, wäre keinem gedient gewesen).

Hier nun einige Gerichte:

- Entsprechend der religiösen Tradition gab es bei uns so gut wie jeden Freitag Fisch – manchmal Schellfisch, häufig auch Hering, weil es in Ostfriesland viele Fischer gab, die zur See fuhren (darunter übrigens auch viele Flüchtlinge, die aus einer entsprechenden Region an der Ostsee kamen). Bei den Fischern war es damals üblich, dass die Matrosen nur einen Teil ihrer Heuer in Geld bekamen, den anderen Teil in „Naturalien", d. h. in Holzfäßchen, in denen Heringe eingelegt waren. Sie gingen dann über Land und verkauften die Fäßchen. Mutter war da eine regelmäßige Abnehmerin.

- Mindestens einmal die Woche gab es Eintopf (mit Beilagen selbstverständlich) aus Erbsen oder Bohnen.

- So gut wie jede Woche gab es eine Mehlspeise („Klütche" oder „Beestpillen"). Um mit Klütche zu beginnen: Er bestand aus einem mit Milch angerührten Hefeteig, der umhüllt von einem Tuch in heißem Dampf gegart wurde. Er hatte die Form einer Kugel. Am Mittagstisch wurden davon große Scheiben abgeschnitten, Butter, etwas Zucker und Sirup dazugegeben und fertig war ein leckeres Essen. Bei Beestpillen wurde als Unterschied zu Klütche die Milch von einer Färse verwendet, die gerade abgekalbt hatte. Diese „Biestmilch" war deutlich anders zusammengesetzt – sie war sowohl eiweiß- wie energiereicher und noch angereichert mit Immunoglobuline, die für die früheste Ernährung eines Kalbes wichtig waren. Manchmal gab es auch noch den einen oder anderen Blutfaden in dieser besonderen Milch. Das Gericht hatte eine andere Farbe wie der übliche „Klütche", ging nicht so stark auf und war viel würziger. Es soll auch Menschen gegeben haben, die es nicht so gerne mochten.

- Zu dem besonders kräftigen Essen gehörten „Speck-Fett-Grau Arten". Grundlage waren wie bei fast jedem Mittagessen gekochte Kartoffeln. Auf die gekochten Erbsen wurden Grieben aus ausgeschmolzenem Fett gegeben und etwas Fett wurde auch noch dem Ganzen hinzugetan.

- Ein vor allem nach dem Frost gern gegessenes Essen war „Grünkohl mit Pinkel und Götwurst (= Grützwurst). („Kasseler" kam erst viel später dazu). Es sollte einmal Frost über die Grünkohlpflanze gegangen sein, weil sich dadurch der Geschmack deutlich verbesserte. Bei der Herstellung der Grützwurst wurde auch Hafer- oder Gerstengrütze beigegeben. Pinkel war eine kleine und eher „schlanke", sehr würzige Kochwurst. Grünkohl mit Pinkel war im Winter auch bei vielen Ausflügen und Festen von Sportvereinen, Betriebsausflügen usw. das angesagte Gericht. Oft hatte man sich zuvor im ostfriesischen Nationalsport „Klootschießen" versucht, um sich Appetit (und Durst !!) zu holen. Beim Klootschießen wird eine Holzkugel – z. T. mit einem innenliegenden Metallkern – mit viel Anlauf so mit Schwung auf die Straße „getrüllt", dass die Kugel möglichst weit ausrollt; welche Mannschaft am weitesten vorne liegt, hat gewonnen. (Im Oldenburgischen wird das Spiel „Boßeln" genannt).

- „Updrögt Bohnen". Die im „Himmel" in der Küche getrockneten Bohnen werden einen Tag vor dem Essen des Gerichts eingeweicht. Am nächsten Tag werden die Bohnen mit Speck und Wurst etwa zwei Stunden lang gekocht. Ca. eine halbe Stunde davor werden gewürfelte Kartoffeln hinzugegeben. Danach werden Speck und Wurst herausgenommen und anschließend Kartoffeln und Bohnen „gestampft".

- „Insetbohnen" (=Schnippelbohnen). Die Bohnen wurden aus dem Steinguttopfen herausgenommen, gründlich gewaschen (sonst konnten sie reichlich salzig sein), gekocht und dann mit ebenfalls gekochten Kartoffeln gestampft. Auch hier gehörte Speck oder Wurst dazu.

- Steckrüben. Auch hier werden Kartoffeln und Steckrüben zusammen gekocht und gestampft. Zu Fett, Fleisch oder Wurst wird – wer wollte – Senf als Geschmacksverstärker dazu genommen.

Wenn mein Vater, die Knechte oder die Landarbeiter auf weiter entfernten Flächen arbeiteten, blieben sie dort auch zum Mittagessen. Die Pferde wurden ausgespannt und mit mitgebrachtem Heu und Hafer versorgt. In den Schulferien war es oft meine Aufgabe, zur Mittagszeit das Essen und die Getränke für meinen Vater und die Mitarbeiter mit dem Fahrrad rauszubringen. Angesichts des oft schlechten Zustandes der Feldwege war das keine so ganz leichte Aufgabe. Suppen waren da sehr ungeeignet.

Brot wurde bei uns übrigens nicht mehr selber gebacken, sondern vom Bäcker Ostermann aus Marienhafe geholt. Es war ein Geschäft ohne Bargeld: Mein Vater lieferte dem Bäcker Roggen und Weizen; das Getreide wurde vom Bäcker gelagert und bei Bedarf frisch gemahlen und in Brote verwandelt. Bei Lieferung des Getreides war schon ausgemacht, wieviel Getreide für wie viele Brote gerechnet werden sollte. Der Bäcker wurde also über das Getreide bezahlt. Da das Getreide natürlich eine sehr unterschiedliche Qualität hatte – eine Getreide-trocknung war zudem damals in landwirtschaftlichen Betrieben ganz und gar unbekannt! – klappte dies Verfahren nur so gut, weil der Bäcker einfach sehr gut in seinem Handwerk war! Durchkneten mit den Händen führt zu einem ganz anderen Teig, als wenn er mit Hilfe von schnell laufenden Maschinen hergestellt wird!

Es war viele Jahre meine Aufgabe, zweimal die Woche mit dem Fahrrad vom Bäcker in Marienhafe Brot zu holen. Zu Anfang der Woche 4 Schwarzbrote (ein reines Roggenbrot, dunkel, kräftig und lecker), zum Ende der Woche 2 Schwarzbrote, ein Weißbrot und ein „Krintstut" (Rosinenbrot). Weißbrot und Rosinenstuten gab es nur am Samstag und am Sonntag. Wenn ich damit zu Hause ankam, war zumeist ein „Knäuschen" schon verschwunden. „Na, waren die Mäuse schon wieder dran", war dann der Kommentar der Mutter.

Wichtig und für die Haushaltsführung einfach war auch, dass Molkereierzeugnisse direkt bei der Molkerei bestellt werden konnten. Die belieferte uns dann im ausgemachten Rhythmus mit Butter und Käse.

Lebensmittelgeschäfte gab es natürlich auch („Kolonialwaren" genannt), aber es war sehr überschaubar, was dort eingekauft wurde. Gries und Graupen, Tee und Kandis, Salz und Zucker, Tabak und Streichhölzer und noch einiges mehr. Kaffee und Wein höchst selten, denn dies gab es nur zu ganz besonderen Anlässen. Beim Wein schaudert es mich heute noch: "Kröver Nacktarsch" oder „Samos". Bier wurde nur in der Gaststätte getrunken (also sehr selten). Auch Schnaps wurde bei uns äußerst selten eingeschenkt – eigentlich nur, wenn es was zum „Anstoßen" gab oder zum Abschluss eines Besuches. Die Männer tranken dann einen „Söpke" (Glas klarer Schnaps), die Frauen eher selbstgemachten Kirschlikör. War die Flasche mit dem Likör geleert, wurde sie wieder mit einem Korken verschlossen und wanderte in ein Regal in den Vorratsraum. Als Jugendliche trieben wir uns in so einem Fall gerne in der Nähe des Regals herum, bis die mit Likör/Schnaps getränkten Kirschen schließlich auch geleert waren. Ab Ende der 50iger Jahre tauchte einmal die Woche ein kleiner LKW auf, der eine oder zwei Kisten Sprudel brachte.

Eine wirkliche Spezialität in der Gastlichkeit war die „Ostfriesische Bohnensuppe". Es gab sie nur bei ganz besonderem Anlass (Geburt eines Kindes, Geburt eines Fohlens beispielsweise). Dabei waren Rosinen einige Tage vor dem freudigen Ereignis in eine große Terrine geschüttet und mit reichlich Weinbrand überstaut worden. Wohl extra für die Kopfschmerzen wurde auf ein gefülltes Glas (meist nahm man ein Weinglas) noch ein Teelöffel Zucker gegeben. Durchaus lecker, aber wer das Getränk nicht kannte und mehr als zwei Glas nahm, war gleich „duhn" (betrunken).

RELIGION

Die evangelisch-lutherische Religion spielte eine große Rolle. Die Eltern lebten ein traditionelles Verständnis von Religiösität und gaben es an uns weiter. Das bedeutete: Taufe und Konfirmation waren selbstverständlich und große Familienereignisse. Beten zum Mittagstisch, Beten vor dem Einschlafen. Besuch des Gottesdienstes war dagegen selten, da zu aufwendig (außer während der Konfirmandenstunden).

Nachträglich ein Hoch auf unseren Pfarrer, der von uns verlangte, jeweils bis zur nächsten Unterrichtsstunde ein weiteres Kirchenlied auswendig zu lernen; ein Hoch, weil Auswendiglernen meiner Erfahrung nach eine wunderbare Form von geistigem Training ist – so wie Kopfrechnen ebenfalls.

Meine Mutter, die Sonntagsvormittags das Mittagessen vorbereitete, machte ihre Küche zur Kirche. Im Radio wurde ein Gottesdienst übertragen, Mutter sang jedes Lied mit. Nur zum Erntedankfest gingen alle zur Kirche – Vater vorweg. Anfangs war es in der Kirche noch so, dass die schon lange ansässigen Familien in den Kirchenbänken Plätze gemietet hatten; das wurde aber schnell bedeutungslos.

Zu Weihnachten machten sich eher wir Kinder auf den Weg. Die Eltern blieben zu Hause, um die Geschenke zu platzieren (die Großeltern väterlicherseits kamen dazu, seitdem sie sich in Marienhafe „zur Ruhe" gesetzt hatten). Ein „Weihnachtsmann" wurde meiner Erinnerung nach nicht bemüht. Der Weihnachtsbaum war zusätzlich geschmückt mit vielen süßen Kringeln, über deren „Stiebitzen" es in den nächsten Tagen immer einen Wettbewerb unter uns Kindern gab. Alle Angehörigen und die Knechte und Mägde, mit deren Bescherung das

Weihnachtsfest traditionell begann, erhielten einen Weihnachtsteller mit Marzipan, weiteren Süßigkeiten, Walnüssen, Haselnüssen und als Höhepunkt die sonst unbekannten Orangen und Bananen. Nach der Bescherung fuhren Mägde und Knechte zu ihren elterlichen Familien und hatten einen Tag frei.

Die Geschenke für uns Kinder waren wirkliche Überraschungen. Die Eltern versteckten sie in ihrem Schlafzimmer, zu dem wir keinen Zutritt hatten. Immer gab es nicht nur Praktisches, sondern auch schöne Überraschungen. Immer hing die Größe der Geschenke auch davon ab, wie gut die Landwirtschaft in diesem Jahr gelaufen war. Das konnte auch mal sehr kleine Geschenke bedeuten!

Gesungen wurden die Weihnachtslieder mit großer Inbrunst, Vater und Großvater auch mit großer Stimmgewalt. Uns Kinder war nur wichtig, dass das Singen – so schön es auch war – nicht zu lange dauerte, denn erst danach durften wir die Geschenke persönlich in Augenschein nehmen.

Wie meine Brüder mit der uns von den Eltern übertragenen Religiosität umgingen, weiß ich nicht. Ein Thema zwischen uns war es jedenfalls nicht. Mir war die Religion viele Jahre sehr wichtig, auch weil der Lehrer für Religion und Deutsch am Gymnasium – Ebbel Wessels – einer der wenigen Lehrer war, der mich beeindruckte. Er war in der „Bekennenden Kirche" gewesen und schimpfte immer noch wie ein Rohrspatz über die „Deutschen Töffel", wie er sie nannte, also die Nazi-nahen „Deutschen Christen", in der sich die sehr, sehr große Mehrheit der evangelischen Pfarrer und Amtsträger versammelt hatte. Viel zu viele Pfarrer der evangelischen Kirche hatten sich lange vor der Übergabe der Macht an Adolf Hitler als Prediger für die NSDAP betätigt. Berüchtigt war beispielsweise der Pfarrer von Borkum, der schon in den 1920iger Jahren Borkum zur „judenfreien Insel" erklärt hatte. (Der Pfarrer in Marienhafe – Pastor Elster – dagegen unterstützte z. B. die jüdische Familie Schönthal, indem er – was verboten war – auf Wunsch der Familie ihre drei Kinder taufte).

Wie im Nachkriegsdeutschland allgemein üblich wurde auch niemand dieser NS-Pfarrer nach dem Krieg für ihr Tun belangt.

Stattdessen ging die Landeskirche beispielsweise Mitte der 50iger Jahre gegen einen Pfarrer vor, der sich weigerte, bei der Beerdigung früherer Soldaten das Lied „Ich hatte einen Kameraden" wegen der darin angelegten Verherrlichung des Soldatentums am offenen Grab singen zu lassen.

Ebbel Wessel und seine Tiraden über die „Deutschen Töffel" waren es wohl auch, die mich veranlassten, mir ein erstes historisches Werk über die NS-Zeit zu kaufen und – Satz für Satz – zu lesen (William L. Shirer „Aufstieg und Fall des Dritten Reiches", 2 Bände, 1. Auflage 1963). Ob es mit der noch nachwirkenden Religiosität oder mit meinem unbändigen Heimweh zusammenhing, ist mir nie recht klar geworden. Jedenfalls habe ich die ersten Wochen nach Studienbeginn 1966 in der Mensa der Landwirtschaftlichen Hochschule Hohenheim noch wie von zu Hause gewohnt mein Tischgebet gesprochen. Vermutlich war es doch eher das Heimweh (Ein Ostfriese weit weg von der Heimat!).

Eine Spezialität in der religiösen Welt in Ostfriesland war, dass es bis zum Zuzug der Flüchtlinge so gut wie keine Katholiken gab, dafür aber nicht nur eine evangelische Kirche, sondern – durch die Nähe zum überwiegend reformierten Holland – neben der evangelisch-lutherischen Kirche auch die evangelisch reformierte Kirche, und die auch gleich wieder im Doppelpack: als alt-reformierte und als neu-reformierte. In der alt-reformierten wurde bis zum 1. Weltkrieg die Predigt in niederländischer Sprache gehalten. Daneben gab es noch die neuapostolische Kirche und weitere Kirchen. Im kleinen Dorf Rysum in der Nähe von Emden soll es Erzählungen nach so gewesen sein, dass es bei etwa 200 Einwohnern drei evangelische Kirchen gab, jede eifersüchtig auf die eigene Selbständigkeit und die eigenen „Schäfchen" bedacht. Eheschließungen zwischen den Angehörigen dieser drei Kirchen sollen höchst selten gewesen sein.

1932 gehörten der jüdischen Gemeinde in Marienhafe und Upgant 33 Mitglieder an. Synagoge, Schule, Ritualbad und Friedhof befanden sich in der Kleinstadt Norden. In Upgant-Schott gehörten 2 Familien der jüdischen Glaubensgemeinschaft an (die Familien Pinto und Schönthal). Beide waren Landwirte, was in damaliger Zeit eine große Seltenheit war

(Bis ins letzte Drittel des 19. Jahrhunderts waren die Juden festgelegt auf sehr wenige Berufe vor allem im Handel. Landwirt gehörte nicht dazu). Zu einem Hof kamen sie in der Regel als Folge ihrer Tätigkeit als Viehhändler. Ein guter Teil ihres Geschäftes bestand darin, im Frühjahr Magervieh aufzukaufen und auf guten Weiden bis zu den Schlachtviehmärkten im Herbst „fett" zu machen. Aus dem Ankauf solcher Flächen entwickelten sich dann vereinzelt eigenständige Höfe.

Während die Mitglieder der Familie Pinto sich recht früh nach Holland in (vorläufige) Sicherheit bringen konnten (sie wurden nach der Besetzung Hollands verhaftet und in KZs ermordet), weigerte sich Siegbert Schönthal als angesehener Bauer und Pferdezüchter, der zudem überhaupt nicht religiös war, über viele Jahre, auch nur an Aus- wanderung zu denken. Erst als er nach dem Pogrom mit Zerstörung der Synagoge in Norden im November 1938, wie alle jüdischen Männer, nach Demütigungen in der Haft in Norden (eingesperrt im Schlachthof) und anschließender halbjähriger Haft im KZ Sachsenhausen wieder entlassen wurde, wollte er die Auswanderung. Das war damals aber schon so gut wie unmöglich. Während seiner Haft musste sein Hof zwangsweise verkauft werden. Das Geld wurde beschlagnahmt.

Seine jüngste Tochter berichtete, wie es dann der Familie (Eltern und drei Kindern) gelang, sogar noch nach Beginn des Angriffskrieges Deutschlands gegen Polen das Land zu verlassen und mit dem Schiff in die USA zu gelangen. Ein befreundeter Bäcker – Ukena – habe Frau Schönthal im Dorf getroffen und entsetzt gefragt: „Was macht ihr noch hier, ihr müsst weg!" Als er von der Zwangslage der Familie erfuhr, telegrafierte er einem Sohn, der in den USA lebte, er solle sofort eine Einladung aussprechen für die Übersiedlung in die USA und das notwendige Geld schicken. Nachdem das erfolgreich war, wurde die Familie mit Hilfe eines Droschkenwagenfahrers – Johann Janssen – an die niederländische Grenze gebracht, und beim dritten Versuch gelang schließlich der Übertritt über die Grenze. Das Leben der Familie in den folgenden Jahren in Nebraska war überaus mühselig.

Im Jahr 1955 kam die Familie mit ihren inzwischen zwei Töchtern – aber ohne die beiden Söhne – nach Upgant zurück und bekam ihren Hof wieder zugesprochen. Sie blieben aber nur bis 1959. Die beiden Töchter konnten sich nicht in das ostfriesische Umfeld einleben. Uns Jugendlichen kamen die beiden Mädchen wie Wesen aus einer anderen Welt vor. So waren sie bei dem damals in Ostfriesland so wichtigen Freizeitvergnügen –„Schöfeln" (= Schlittschuhlaufen) – schon ausgestattet mit weißen Lederstiefeln mit integrierten Schlittschuhen. Wir mussten dagegen die Schlittschuhe an das normale Schuhwerk anschnallen oder schnüren, was natürlich im Vergleich jämmerlich aussah und auch wohl war.

Die Geschichte der Familie Schönthal ist Teil meiner eigenen Familiengeschichte, weil meine Mutter und Frau Schönthal Kusinen waren. Nach der Rückreise in die USA kamen Onkel Siegbert und Tante Margret alle zwei Jahre des Heimwehs wegen wieder nach Ostfriesland zurück. Sie besuchten dabei regelmäßig auch meine Eltern. Nach der Rückkehr in die USA sind sie übrigens sehr erfolgreiche Züchter des Englischen Vollbluts in Kentucky geworden Sie wurden beide sehr alt.

ERZIEHUNG UND SCHULE

Der ungewöhnlichste Teil der Erziehung von uns vier Jungens war wohl, dass Schläge gänzlich unbekannt waren. Natürlich gab es klare Ansagen der Eltern, wie man sich verhalten sollte und wie nicht. Es gab auch Strafen, Schläge gehörten aber nicht dazu. Bei manchen der Strafen wäre uns Kindern im Vergleich wohl lieber gewesen, es hätte eine „Kopfnuss" oder eine „Backpfeife" gegeben und damit wäre wieder alles gut. Die Strafen sprach nur die Mutter aus und diese umfassten zwei Grade: die mildere war „Marsch, up drübbel sitten" („drübbel" war eine kurze Treppe vom Flur in die kleine Stube). Die schärfere war „ap, in,t bed" (mach Dich ins Bett). So lag man dann bisweilen, wenn die Freunde unter dem Fenster lärmten, wann kommst Du denn endlich, einigermaßen wütend im Bett – bis die Mutter kam und die erlösenden Worte sagte. Von meinem Bruder Ubbo wurde berichtet, er habe der Mutter mal vorgeschlagen: „Hau mi leve, obe ne in,t bed."

Ansonsten wuchsen wir in denkbar größter Freiheit auf. Autos und Motorräder, auf die man aufpassen musste, gab es nur vereinzelt. Da war es eher wichtig, sich vor durchgehenden Pferden in Acht zu nehmen. Die Bundesstraße hatte ein Kopfsteinpflaster, das bei schnellerem Fahren im Auto oder LKW gleich die Zähne zum Klappern bringen konnte. Andere Kinder, mit denen wir spielen, rumbolzen und streiten konnten, gab es reichlich.

Ein besonderes Verhältnis gab es zu den vielen Kindern aus dem „Barackenlager". Das Lager im östlichen Teil der Gemeinde Upgant gelegen war im Laufe des 2. Weltkrieges entstanden und bot vielen Hundert Flüchtlingen und Ausgebombten aus der Stadt Emden

Unterkunft. Es handelte sich um Baracken aus Holz, die vor allem im Winter schlecht warm zu halten waren. Die Kinder aus dem Lager gingen in die gleiche Volksschule wie alle anderen Kinder auch. Wir kannten uns, es gab Freundschaften, es gab aber auch gegeneinander gerichtete „Kinderbanden" – „die" gegen „uns". Dieses Banden-Sein war zwar vor allem eine Fiktion, eine Vorstellung mit wenig Realität, es spielte aber in den Köpfen hier wie dort eine gewisse Rolle.

Ein wichtiger Teil unserer Erziehung war natürlich auch Erziehung zur Arbeit. Dass Arbeit wichtig und notwendig war, dass sie auch anstrengend sein konnte, gehörte zu den Selbstverständlichkeiten in einem Bauernleben. Wir hatten die Arbeit ja ständig vor den Augen, um uns herum. So im zeitlichen Abstand muss ich sagen, dass die Eltern auch sehr geschickt darin waren, uns mit der Arbeit vertraut zu machen. Nur ein Beispiel: Ich war vielleicht 12 oder 13 Jahre alt und hatte mich über irgendwas geärgert, heulte „Rotz und Wasser" und brauchte meine Mutter. Die war aber gerade beim Melken der vier Kühe, die wir immer am Haus hielten. „Ja, ich kann Dir gleich helfen, aber erst muss ich die Kühe melken – wenn Du mir hilfst, geht es natürlich schneller". Wie zufällig war eine Kuh, die besonders leicht zu melken war, noch nicht gemolken, wie zufällig stand da noch ein kleiner Melkeimer, wie zufällig gab es da auch einen kleinen Melkschemel, der die für mich passende Größe hatte. Mutter zeigte mir, wie die Hände und die Finger beim („Hand"-)Melken eingesetzt werden mussten, und ich hatte auch gleich Erfolg: Strahlen von Milch trafen den Boden des Eimers – ein wunderschönes, überaus produktives Geräusch für einen Knirps, der seinen ersten Versuch machte! Ob mein Anliegen, weshalb ich die Mutter aufgesucht hatte, später noch irgendeine Rolle spielte, weiß ich nicht mehr. Viel wichtiger: Ich konnte Melken (und aus Können entwickelten sich auch langsam Erwartungen).

Handmelken war für mich immer – wenn es nicht über drei oder vier Kühe hinausging – eine gern gemachte Arbeit. Die Ruhe der Kühe, meist am Wiederkäuen, das produktive Geräusch, wenn die Milchstrahlen den Eimer füllen, der Rhythmus des Melkens: abwechselnd die beiden Vorderzitzen, dann die beiden Hinterzitzen. Beim Anlehnen des Kopfes an den Leib der Kuh strömte unmerklich etwas von der Ruhe der Kuh auf den Melker oder die Melkerin über. So schön das war, man brauchte immer eine Mütze, Frauen ein Kopftuch, wollte man durch das Anlehen des Kopfes an den Leib der Kuh nicht selber nach Kuh riechen. Überhaupt war ich in meiner Jugendzeit immer von Kopftüchern umgeben. Bei einem großen Teil der Arbeiten trugen die Frauen ein Kopftuch und die Männer eine Mütze. Das war einfach der Arbeit geschuldet. („Kopftuchfrauen" ist ein Wort, das bei mir sehr positiv besetzt ist – und das ich mir auf keinen Fall von der AFD-Frau Weidel stehlen lassen werde!)

Bei der Schulausbildung war es vor allem meine Mutter, die hier unsere Wege vorbereitete. Sie hatte als junges Mädchen nach der Volksschule für 2 Jahre in Marienhafe ein Lyzeum besucht (offizielle Bezeichnung „Höhere Töchterschule"). Obwohl ihr das Lernen nach eigener Aussage nicht leicht gefallen war, bedeutete ihr diese Zeit sehr viel. Sie genoss es zum Beispiel immer, wenn sie bei einem von uns Kindern englische Vokabeln abhören konnte – Erinnerung an ihre eigene Schulzeit.

Bei meinem ältesten Bruder gab es wohl keine Fragen über seinen beruflichen Werdegang und vermutlich auch keine Mitbestimmung von ihm selber. Er schloss 1951 (also kurz nach Krieg und Währungsreform) mit der Volksschule ab und machte wie damals für ein Bauernkind noch selbstverständlich eine landwirtschaftliche Lehre – erst bei meinem Vater, dann ein Jahr Fremdlehre auf dem „Alexandrinerhof" an der Nordseeküste, danach zwei Winterhalbjahre Ackerbauschule in Norden. Es schlossen sich an die großen Veränderungen im Betrieb: Rudolf machte den Führerschein für alle Klassen (Vater hatte auch einen Führerschein, aber nur für das Motorrad). Der Führerschein von Rudolf war die Voraussetzung für die großen Investitionen des Vaters: ein Traktor (20 PS MAN ohne Hydraulik; später ersetzt durch einen Fendt, 24 Ps mit Hydraulik), einen Mähbinder und zwei Gummiwagen für den Schlepperzug. Auch der Kauf eines PKWs (DKW 3/6) erfolgte in dieser Zeit. Als Angehöriger des „weißen Jahrgangs" brauchte Rudolf nicht Soldat zu werden. 1961 erfolgte dann die Geburt seiner Tochter und die Hochzeit mit Grete Poppinga geb. Saathoff, sowie die Übernahme eines

Pachthofes im Dorf Arle. (Seine Frau Grete erzählte viel später, sein Berufswunsch wäre insgeheim Tierarzt gewesen).

Meiner Mutter war früh klar, dass die Zeiten, wo alle Bauernkinder wieder Bauern werden konnten, vorbei waren. Mein zweiter Bruder Ubbe wurde auf die Realschule in Norden geschickt und machte auf seinen Wunsch hin danach eine Lehre als Schiffbauer auf der Werft „Schulte und Bruns" in Emden. Ubbe wollte immer „hinaus in die Welt". Der Schiffbau war wohl auch der Weg dafür. Die Lehre war eine sehr harte Zeit für einen gerade mal Sechzehnjährigen. Um kurz nach fünf Uhr früh fuhr der Zug; die Lehre bestand vor allem aus Rostklopfen und Schweißen. In seinem späteren Berufsleben als Schiffbauingenieur sollte sich vor allem seine Fähigkeit, sehr gute Kenntnisse beim Schweißen zu haben, als großer Vorteil erweisen. Nach Abschluss der Lehre bekam er nicht sofort einen Studienplatz an der Fachschule für Schiffbau in Hamburg. Kurz entschlossen begann er sein Jahr bei der Bundeswehr („Flugabwehr" in Achim bei Bremen) und konnte dann – als der Studienplatz frei geworden war –, in Hamburg mit dem Studium beginnen. Das war auch der Anlass, weshalb seine langjährige Freundin und spätere Ehefrau – Heide König – nach Abitur und Lehre in der Apotheke ebenfalls nach Hamburg zog. Wirtschaftlich gestaltete sich anfangs alles für die beiden sehr eng. 200 DM im Monat konnten meine Eltern ihm zum Studium mitgeben. Durch Verkauf einer größeren Menge an Eiern, die meine Mutter von unseren Hühnern sammelte und die Ubbe nach Besuchen zu Hause per Zug nach Hamburg schleppte, besserte sich das Haushaltsgeld ein wenig. Heide fand auch bald eine Arbeit, aber die Höhe des Gehalts als Apothekenhelferin war auch sehr überschaubar. Klar war, dass er nach der Mindestsemesterzahl das Studium mit Erfolg abschloss. Sein erster Arbeitsplatz als junger Schiffbauingenieur war bei der „Zitas-Werft" in Hamburg-Cranz. Bei dieser Werft verbrachte er dann sein ganzes sehr erfolgreiches Berufsleben. Da sich von Beruf und Einkommen her alles sehr erfolgreich entwickelte, baute er wie drei andere junge Ingenieure auch an einem Bogen des Flüßchens „Este" ein schönes Haus. Als mein Vater die Höhe der Kosten hörte – 250 Tsd. DM – war seine lapidare Antwort: „Nu is he hel mal word:n" (Nun ist er wohl ganz durchgedreht).

Bei mir war es eine Schullaufbahn mit Verzögerungen. Als ich mit 6 Jahren wie alle anderen auch eingeschult werden sollte, ging das nicht, weil ich erkrankt war („Mundbodenphlegmone-Entzündung"). Die Erkrankung zog sich hin. Als der Hals schließlich so angeschwollen war, dass ich Luftnot bekam, bestellte Vater ein Taxi und brachte mich ins Krankenhaus nach Hage zu einem ihm bekannten Arzt, Dr. Lotitius. Im Krankenhaus in Norden, wo er zuerst mit mir gewesen war, waren die Ärzte schon in den Feierabend gegangen. Die Schwestern wollten mich ins Bett stecken und am nächsten Tag würde dann der Arzt nachschauen. Keine guten Überlebenschancen für mich. In Hage kam ich schon etwa eine Stunde nach Einlieferung „unters Messer". In der ganzen Woche Krankenhausaufenthalt blieb meine Mutter bei mir.

Nach wenigen Wochen fing es erneut wieder an, dass der Hals zu schwoll. Es war nämlich nicht geklärt worden, was die Ursache für die Erkrankung war. In Frage kamen Zähne oder Lunge. Also stellte der Vater mich beim Zahnarzt vor, der klopfte die Zähne ab und fand sehr schnell den unscheinbaren Übeltäter. Ein Backenzahn, der gezogen werden musste. Da alles bereits vereitert war, kam die damals übliche Betäubungsmethode „Lachgas" nicht in Frage. Also: Backenzahn ziehen ohne Betäubung. Vater musste mich mit aller Kraft im Behandlungsstuhl festhalten, der Arzt hatte sich aus Vorsicht Fingerhüte über seine Finger gezogen. Half ihm nicht viel. Er hatte im Anschluss sehr große Probleme, die von mir zusammen gebissenen metallenen Hütchen wieder von seinen gequetschten Fingern zu bekommen. Mein Vater war so erleichtert, dass er für damalige Verhältnisse etwas Unerhörtes tat: Er fuhr mit mir zum Uhrengeschäft Eilers und schenkte mir eine Armbanduhr. Unerhört war das deshalb, weil eine Uhr damals das traditionelle Geschenk erst zur Konfirmation war.

Also: Einschulung mit 7 Jahren. Nach der vierten Klasse waren überraschend viele meiner Mitschüler angemeldet für einen Wechsel zur Realschule oder zum Gymnasium. Ich war nicht dabei. Ich sollte -- wie mein ältester Bruder -- Bauer werden. Ich wäre nach der Schule in einem Alter gewesen, in dem mein Vater schon Hilfe hätte gebrauche können.

Alles Gut und Schön, aber ich war einfach enttäuscht, fühlte mich zurückgesetzt, heulte so lange „Rotz und Wasser", bis die Eltern sich umstimmen ließen. Es war Ärger, nicht etwa „Hunger nach Bildung". Bis das entschieden war, war der Wechsel zur weiterführenden Schule aber bereits abgeschlossen. Also noch ein Jahr Volksschule, dann Wechsel nach Norden.

Als ich in der „Sexta" anfing, waren wir 42 Schüler und Schülerinnen; genau die Hälfte kam vom Land, die anderen aus der Stadt. Als ich Abitur machte, waren 12 übriggeblieben: 2 vom Land, 10 aus der Stadt. Nicht die Vorbereitung durch die Volksschule war das Problem (die waren überraschend gut), sondern der „Kulturschock" beim Wechsel von ländlichen zu städtischen Ausdrucksweisen und Denkgewohnheiten. Außerdem hatten viele Haushalte auf dem Land einfach auch nicht die finanzielle Möglichkeit, einem oder gar mehreren ihrer Kinder eine längere Schulbildung oder gar ein anschließendes Studium zu ermöglichen. (Das so erfolgreiche Modell der staatlichen Studienförderung – Honnefer Modell genannt – wurde erst später eingeführt).

Ich war die ersten drei Jahre ein eher mäßiger Schüler, deshalb erfolgte in der 7. Klasse eine „Ehrenrunde". Danach – als wenn ein Stecker gezogen worden wäre – lief der Schulbetrieb mit geringem Einsatz fast wie von selber. Gegen 14:00 Uhr kam ich mit dem Zug zurück; Fahrrad für den Heimweg; Mittagessen (die Eltern machten ihre „Mittagsstunde"), dann Hausaufgaben erledigen. Um 16:00 Uhr gemeinsame Teepause (wobei mein Vater meiner Mutter immer die erste Tasse Tee ans Bett brachte), danach entweder Mithilfe in der Landwirtschaft oder zum Sportplatz bzw. (von Frühjahr bis Herbst) zum „Kolk" zum Baden.

Wenig besondere Ereignisse sind mir aus der Schulzeit in Erinnerung geblieben. Da war zum einen der jahrelange Streit um das Wort „DDR", das wir beispielsweise in Erdkunde nicht schreiben duften. Ich hatte – wie fast meine ganze Familie – keinerlei verwandtschaftliche Beziehung „nach drüben". Das Interesse an diesem „2ten deutschen Staat" war bei uns allgemein ausgesprochen sehr gering. Was mich und andere Schüler aber ärgerte, war, dass wir – obwohl dieser Staat doch sichtbar als selbständiger Staat existierte – SBZ (Sowjetische Besatzungszone) oder – später – „DDR" (mit Anführungsstrichen) schreiben sollten. Sinnigerweise zeigte die Länderkarte, die in ihrer vollen Farbigkeit den halben Stirnraum des Klassenzimmers einnahm, Deutschland „in den Grenzen von 1937". Soviel geballte deutschnationale Botschaften, die geradezu nach „Revanche" schrien, gingen uns schon damals gegen den Strich. Dann noch die Tafel in der Aula: Über den Namen der im Krieg umgekommenen Lehrer prangte der Ur-nationalistische Ausspruch „Dulce et Decorum est pro patria mori" („Süß und ehrenvoll ist es, fürs Vaterland zu sterben").

Echt speziell wurde das Thema DDR, als wir einen neuen Schüler (meiner Erinnerung nach war sein Name Reichspietsch; er wurde später Förster) in die Klasse bekamen. Er wechselte aber vor dem Abitur an eine andere Schule. Seine Eltern waren aus der DDR geflohen, und er war durchaus nicht begeistert davon. Ihm fehlten seine Freunde, die vielen gemeinsamen Unternehmungen und auch die FDJ („Freie Deutsche Jugend"). Sein Heimweh (vielleicht auch Protest gegen die Entscheidung der Eltern) äußerte sich auch darin, dass er einigen Mitschülern – ich gehörte dazu – Lieder „von drüben" beibrachte. So „Auf auf zum Kampf ... dem Karl Liebknecht haben wir's geschworen, der Rosa Luxemburg reichen wir die Hand". Auch die Umdichtung des

Liedes „Ich hatte einen Kameraden" zu „Vor Madrid im Schützengraben, in der Stunde der Gefahr..."(ein Lied, das an den Spanienkämpfer Hans Beimler aus Stuttgart erinnerte), hab ich wohl von ihm gelernt.

Ein weiterer Neuzugang, der uns nach einigen Wochen aber schon wieder verließ, sorgte für kurze Zeit für Unruhe in der Klasse. Auslöser war vor allem das merkwürdige Verhalten einiger Lehrer, die meinten, uns vorbereiten zu müssen darauf, dass wir jetzt jemand ganz besonderes in die Klasse bekämen, eine Schülerin mit dem Namen Alexandra von Quistorp. Innerlich schlugen diese Lehrer wohl die Hacken zusammen, denn das Mädchen stammte aus nach Ostfriesland geflohenem pommerschen Adel. Jedenfalls den Ostfriesen unter den Schülern war das herzlich gleichgültig, denn wir sahen uns mehr in der Tradition der „friesischen Freiheit". Wir fragten uns eher, was es denn wohl für Gründe haben konnte, dass sie mitten im Schuljahr die Schule wechselte. (Aus Alexandra von Quistorp wurde -wenn die Angaben in Wikipedia stimmen – Alexandra Gräfin Lambsdorff. Für viele Jahre saß sie im Lenkungsausschuss des „Petersburger Dialogs", in dem es um den Ausbau der wirtschaftlichen Beziehungen zwischen Deutschland und Russland ging).

Aufregend für die Klasse waren natürlich mehrtägige Exkursionen, in denen wir Schüler uns untereinander besser kennenlernen konnten als im täglichen Unterricht. So erinnere ich mich an eine gemeinsame Exkursion in den Hümling, vermutlich begleitet von unserem Geschichtslehrer. Der Hümling ist eine leichte Anhöhe im westlichen Niedersachsen unweit des Emslandes. Archäologen hatten dort Urnen entdeckt, die wohl aus vorchristlicher Zeit stammten. Wir halfen tatkräftig mit, eine um die andere Urne auszugraben und freizulegen. Waren wir anfangs begeistert mit dem Spaten am graben, so ermüdeten wir doch nach der zigten Urne. Folge: So manche Urne ging zu Bruch. Übernachtet wurde in Zelten auf dem Gelände eines Krupp'schen Gutes. Die Firma Krupp war in dieser Region schon lange engagiert, weil sie dort einen Schießplatz zur Prüfung von Kanonen betrieb.

Nicht graben, sondern sammeln war angesagt bei einer Exkursion, die fast eine Woche dauerte, auf die Vogelinsel Memmert. Das ist eine kleine Insel in der Nordsee unweit der Insel Norderney. Sie steht schon lange unter Naturschutz, hatte mit Herrn Punt einen Vogelwart und durfte ansonsten nicht mit Booten angefahren oder von Gästen betreten werden. Da sie keinen Anlegesteg hatte, musste man, um die Insel zu betreten, hüfthoch durchs Wasser waten. Die Unterbringung war „rustikal", aber uns gefiel es. Aufgabe war, die Eier aus Nestern von Raubmöwen abzusammeln. Diese Möwenart attackiert nicht nur Fische, sondern auch andere Vogelarten bzw. deren Gelege. Da sich die Raubmöwen auf Memmert allzu sehr breitgemacht hatten zu Lasten anderer Vogelarten, war unsere Aufgabe, deren Eier einzusammeln. Den Möwen gefiel das natürlich nicht und sie flogen Scheinangriffe auf uns. Kisten voller Möweneier wurden gesammelt und schließlich zurück mit aufs Festland befördert. Dort wurden sie an ein Feinkostgeschäft geliefert. Etwas Geld für die Klassenkasse brachte die Aktion also auch.

Ausgesprochen wichtig für die ganze Klasse und für mich war – es war wohl im letzten Jahr – die „große Bildungsreise", bei der nicht nur die Fahrzeugsammlung von Mercedes-Benz in Stuttgart und das Europäische Parlament in Straßburg besucht wurden, sondern auch die Jugendbildungsstätte in Bad Liebenzell im Schwarzwald. Wir trafen dort auf eine Gruppe von Studenten aus dem Iran, die unsere fast kindliche Sicherheit von der Überlegenheit des demokratischen Systems heftig erschütterten. Sie berichteten – wovon wir natürlich keinerlei Kenntnisse hatten – von den großen Hoffnungen, die die

Iraner nach der demokratischen Wahl des Präsidenten Mossadegh für ihr Land gehabt hatten. Warum er denn durch Intrigen der Geheimdienste der USA und Großbritanniens gestürzt wurde, nachdem er die Erdölförderung im Iran zum Wohle seines Landes nationalisieren wollte – das war eine von vielen Fragen an uns, auf die wir nicht den Schimmer einer Antwort hatten. (Einige dieser Iraner traf ich später beim Landwirtschaftsstudium in Stuttgart-Hohenheim wieder). An den beiden gemeinsamen Abenden war nicht zu übersehen, dass die Frauen in unserer Klasse die Iraner ausgesprochen attraktiv fanden.

Eine Musterung bei der Bundeswehr musste ich zum Ende der Schulzeit auch über mich ergehen lassen. Erst wurde ich vom Wehrdienst freigestellt, da noch Schüler. Zur späteren Musterung nach Abschluss des Gymnasiums konnte ich die Bescheinigung eines Facharztes für Inneres mitbringen, der mir testierte, wegen einer (damals vielleicht 5 cm langen) Krampfader sei ich bei Märschen emboliegefährdet. Zu der Bescheinigung mag beigetragen haben, dass ich seiner Tochter Nachhilfe in Mathe gegeben habe. Er wusste aber auch, dass ich den Kriegsdienst ablehnte.

Mein jüngerer Bruder Heye ging nach der Volksschule zur Handelsschule In Norden. Er hatte es – wie ich am Anfang auch – nicht so leicht mit dem Lernen. Nach der Mittleren Reife absolvierte er eine Lehre als Großhandelskaufmann in einem Teehandelsunternehmen in Norden, danach den Pflichtdienst bei der Bundeswehr. Als er dort an einem Kurs zur elektronischen Datenverarbeitung teilnahm, war das bei ihm der Zeitpunkt, wo es „Klick" machte. Er wechselte zu einer Fachhochschule für EDV in Wuppertal, holte seine spätere Ehefrau Monika Klar aus Upgant nach und fand – nach erfolgreichem Abschluss – seinen ersten Arbeitsplatz bei der Firma „Kolbus", einem Mischbetrieb mit Schwerpunkt Herstellung von hochspezialisierten Buchbindemaschinen. Dort sollte er sein gesamtes, sehr erfolgreiches Berufsleben verbringen, verantwortlich für den EDV-Einsatz. Ich kann mich noch gut erinnern, wie groß die Aufregung war, als er mit Kollegen das erste Hochregallager plante und wie groß der Stolz, als das beim ersten Anlauf auch schon klappte!

DER SPORT

Vor allem für uns ältere drei Jungens hatte der Sportverein in Marienhafe große Bedeutung („Tura Marienhafe"); das Eingangstor zum Sportplatz war gekennzeichnet durch das alte Motto der deutschen Turnerschaft: „Frisch, fromm, fröhlich, frei"). Es war Familientradition, dass unser Vater uns in der gleichen Woche, in der wir eingeschult wurden, beim Sportverein anmeldete. Das war für einen Bauern keine Selbstverständlichkeit, denn dieser Sportverein stand noch in der Tradition der Arbeitersportvereine!

Der Vorturner für meine Altersgruppe (Herr Hoffman) war in seinem Hauptberuf denn auch passenderweise Vorarbeiter bei einer Werft in Emden. Ein anderer Vorturner war Handwerksmeister. Zähe Männer, die uns Kindern und Jugendlichen nach einem langen Arbeitstag turnerisch noch was vormachen konnten! Der Sportverein gab uns die Möglichkeit, unsere wirklich große Energie umzusetzen in sehr unterschiedlichen Sportarten. Bei meinem Bruder Rudolf und bei mir stand lange Zeit das Geräteturnen im Vordergrund. Wir hatten wirklich eine „Trapezfigur", waren aber auch reichlich schwer (bei mir seit meinem 16. Lebensjahr 90 kg). Wir waren gut bis sehr gut bei allem, wo es um Kraft und Schnelligkeit ging. Bei den Geräten waren es das Reck, Barren, Sprünge am Kasten, am Pferd und am Boden. Wir schwächelten dagegen, wenn das Gewicht zum begrenzenden Faktor wurde (Turnen an Ringen vor allem). Das setzt sich in der Leichtathletik fort: gut über 100 m (Bestleistung 11,6 sec) sowie im Weitsprung und im Hochsprung, „lahme Enten" dagegen über 400m oder weiter.

Wir waren fast jeden Tag auf dem Sportplatz oder in der Turnhalle. Die Turnhalle war Anfang der 50iger Jahre von einem großzügigen Humanmediziner – Dr. Schomerus aus Marienhafe – gestiftet worden. Neben dem Training gab es natürlich auch immer wieder Wettbewerbe bis zu Landessportfesten. Wir kamen ganz schön rum. Auch Handball- und Fußballturniere sorgten für Abwechslung und Anstrengung. Das alles war auch deshalb möglich, weil es wenig kostete (ganz anders wie in späteren Jahren).

Daneben gab es einmal im Jahr das große Vereinsturnfest im Hotel Buhr in Marienhafe. Auf der Bühne wurde das Reck aufgebaut, so dass wir auch dort – wer's denn konnte – die Riesenwelle vorführten. Matten fürs Bodenturnen und die anderen Turngeräte standen auf der Tanzfläche. Nicht nur die Eltern waren anwesend, sondern auch das eine oder andere Mädchen, mit dem man schon mal geblinzelt hatte. Wir Turner fühlten uns schon deshalb großartig, weil wir nur auf dem Turnfest eine lange weiße Turnhose anziehen durften! Die fanden wir soooo männlich.

Es war wohl in 1959, dass Vater und mein Onkel Hermann Thiele mich mitnahmen zu einem Reitturnier auf der „Knock" (das ist bei Emden; heute steht da ein Teil des VW-Werks). Es war nicht mein erster Besuch bei einem Reitturnier, aber irgendwie hat es damals „klick" gemacht: Den Sport wollte ich auch erlernen, da wollte ich mitmachen. Ein jüngerer, gutmütiger Wallach war zu Hause auch vorhanden: „Max"; schweres Ostfriesisches Warmblut; ich hatte später auf jeder Reitjagd und jedem Turnier das schwerste Pferd. Bis dahin war ich mit einem anderen älteren Wallach („Fuchs") oft ins Gelände geritten, war also einigermaßen sattelfest. Ich sollte aber bald lernen, dass „nicht runterfallen" durchaus etwas anderes ist wie „Reiten-Können". Der Einstieg in den Reitsport wurde mir auch dadurch erleichtert, dass ein langjähriger Bekannter (und entfernter Verwandter), Adolf Vienna aus Upgant-Schott, schon länger dem Reitertrupp aus Upgant und Marienhafe angehörte. Wir sollten Freunde fürs Leben werden.

Eine weitere Erleichterung war, dass sich irgendwie auf unserem Hof irgendwann ein sogenannter „Offizierssattel" eingefunden hatte. Damit war ich sogar gegenüber den meisten meiner Mit-Reiter im Vorteil, weil diese ihren Hintern in einem früheren Militärsattel platzieren mussten, den mal die Mannschaftsdienstgrade benutzt hatten. Dieser Sattel war unvorstellbar hart für den Hintern des Reiters, aber äußerst bequem zu tragen für das Pferd. Unsere Reitergruppe war Mitglied im Reitverein Lütetsburg. Wenn wir – was einmal die Woche geschah – zum Reitunterricht nach Lütetsburg ritten, war das immerhin eine Strecke von etwa 14 km (ein Weg!). Der Reitlehrer (Herr Steffens) war, wie damals fast unausweichlich, Ausbilder bei der Kavallerie gewesen. So war auch der Unterricht – durchaus mit den richtigen Schwerpunkten im Unterricht (Losgelassenheit und Durchlässigkeit des Pferdes standen im Vordergrund), aber mit wenig Mitleid für uns Reiter. Wenn ein Reiter auch nach mehrmaliger Erklärung nicht verstanden hatte, worum es ging, hieß es „Das Ganze halt". Der Gescholtene musste absteigen, sein Pferd am Zügel einem anderen Reiter übergeben, und zu Fuß – in sehr steifen Reitstiefeln aus Leder – über die Hindernisse springen, die außerhalb des Dressurvierecks aufgebaut waren. Eine reiterlich sehr gute Regel war dagegen, dass nur der auf einem Turnier starten durfte, der sowohl in der Dressur wie im Springen starten würde. Gefordert war also das vielseitige Reiten. Überhaupt: auf jedem damaligen Turnier stand die Vielseitigkeitsprüfung klar im Mittelpunkt. Neben Dressur und Parcoursspringen war ein mehrere Kilometer langer Geländeritt mit zum Teil beachtlich schweren Sprüngen zu bewältigen.

Bemerkenswert für diese Zeit war zum einen, dass es fast ausschließlich junge Männer waren, die sich für den Reitsport interessierten. Der Wandel des Reitsports zu einem Sport vor allem für Mädchen und Frauen erfolgte Jahrzehnte später (und ist eine eigene Geschichte). Bemerkenswert war weiter, dass es damals kaum Pferde gab, die „nur" Reitpferde waren. So wurde mein „Max" noch regelmäßig angespannt, vor allem vor der Mähmaschine. Reiter wie Pferde waren im vollen Wortsinn Amateure. Angesichts des allgemeinen Mangels an Bargeld in den meisten Haushalten wurde auch der Reitsport so betrieben, dass er wenig kostete. Das betraf die Ausrüstung, das betraf

aber auch den Aufwand für den Tierarzt. Wenn man sich daran erinnert, wie gesund und langjährig einsatzfähig die Pferde bei geringsten Tierarztkosten und ohne jedes „Spezialfutter" damals waren, und das mit dem später üblichen „Getue" und den späteren immensen Aufwendungen vergleicht, kann man nur sagen: Schon erstaunlich!

Überhaupt die Reiturniere: An vielen Wochenenden der absolute Höhepunkt. Turniere gab es damals immer frühestens ab Ende Mai. Grund war: Zu so einem Turnier kamen immer einige hundert Reiter und (sehr wenige) Reiterinnen mit ihren Pferden. Völlig anders als in späteren Jahrzehnten blieben sowohl Teilnehmer wie Pferde vom Anreisetag (Freitag) bis zum Abreisetag (Sonntag) am Ort der Veranstaltung. Pferdeanhänger, gezogen von einem starken PKW, gab es damals so gut wie gar nicht; viel zu teuer.

Die vielen Pferde wie Reiter (innen) konnten deshalb nur auf den Bauernhöfen untergebracht werden. Da bis Anfang Mai die Ställe noch voll besetzt waren mit Kühen und Pferden, und da die gründliche Reinigung der Ställe schon zwei bis drei Wochen dauerte, konnte erst danach ein Turniertermin angesetzt werden. Dicke Strohmatratzen im Kuhstall dienten als Lager für die Menschen. War man am Freitag-Abend noch mit dem Einrichten beschäftigt, war nach den Pferdesportprüfungen im Laufe des Samstags der Abend der Zeitpunkt des großen „Reiterballs". Nach erfreulich kurzen Reden des Veranstalters war das große Tanzvergnügen angesagt. Wir haben uns immer sehr auf dieses Fest gefreut, war es für uns angereiste junge Männer und den Mädchen aus den Dörfern in Nachbarschaft zum Ort des Turniers doch nichts weniger als ein einziger großer „Heiratsmarkt".

Bei den reiterlichen Prüfungen stand die „Vielseitigkeit" klar im Vordergrund. Da die Ergebnisse am Samstag-Abend bekannt zu sein pflegten, stolzierten Sieger und Platzierte schon mit stolzgeschwellter Brust herum. Die Siegerehrung war immer der Höhepunkt des Turniers: Großer Aufmarsch der Vereine mit Vereinsstandarte; große Quadrille zu Reitermärschen auf dem Turnierplatz; dann Siegerehrung. Alles stammte aus der militärischen Tradition und verfing damals noch; durchaus verführerisch für Jugendliche!

Ein besonderes Thema bei damaligen Turnieren war die Anreise der Pferde und Reiter. Wer in der Nähe wohnte, ritt (oder fuhr) einfach hin. Vereine, die weiter weg wohnten, organisierten sich ehemalige LKW-Anhänger, bauten sie um (Bremsen!) und hatten so ihre „Pferdeanhänger": 5-6 Pferde pro Anhänger, zusätzlich Ausrüstung. Oft fuhren auch noch Personen mit (PKWs waren noch sehr selten). Vor einen oder zwei solcher Hänger wurde dann ein Traktor gespannt. Ganz anders als Jahrzehnte später in der Landwirtschaft waren diese Schlepper noch geradezu „Winzlinge". Als ich es war, der in meinem späteren Verein „Georgsheil" den Schlepper fahren musste, war es ein Massey Ferguson mit etwa 24 Ps! Geradezu abenteuerliche Geleitzüge entstanden so und waren in der Form wohl nur in Ostfriesland möglich (da „flach wie ein Pfannkuchen"). Offensichtlich gab es damals wenig

Verkehrspolizisten, oder sie kümmerten sich um andere Aufgaben als um solche „Geleitzüge" auf dem Weg zu einem Turnier.

Als ich mit der Reiterei begann, war das zugleich der Beginn einer neuen Aufgabe für mich: Jedes Jahr im Frühjahr mussten unsere zwei bis drei Zuchtstuten nach dem Abfohlen wieder zu einem Hengst gebracht werden. Ganz anders als in späteren Jahren, wo ein Transport mit einem leistungsstarken PKW mit angekoppeltem Pferdeanhänger für die Stuten eine schiere Selbstverständlichkeit wurde, wurden die Stuten in den 50iger Jahren entweder vor einer Kutsche eingespannt und so zum Hengst gebracht (das machte mein Vater so) oder aber sie wurden hin geritten. Mein Vater hatte zwar bei der Kavallerie Dienst tun müssen, hatte aber wenig Freude am Reiten.

Wie auch immer die Stute zur Station gebracht wurde, das Fohlen lief einfach neben her – oder musste zu Hause warten, bis die Mutter wieder zurück war. Das Hinreiten übernahm erst mein Bruder Rudolf, später machte ich das. Die Hengststation, deren Hengste wir damals nutzten, war die Station Edo Zimmermann in Moordorf. Ein Weg betrug sieben bis acht Kilometer. Geritten bzw. gefahren wurde im „Sommerweg". Das war ein Weg neben der gepflasterten Straße, die so belassen war, damit auch unbeschlagene Pferde für Transportarbeiten eingesetzt werden konnten. Im Nachhinein ist es erstaunlich, wie fruchtbar damals Stuten und Hengste waren. Es war selten, dass eine Stute nicht beim ersten Mal trächtig wurde (und das ohne Tierarzt, ohne obligatorische Follikelkontrolle, ohne Ultraschalluntersuchung). War die Stute gedeckt, verlangte der Hengsthalter jedes Mal, dass der erste Kilometer im Schritt zurück zulegen sei, damit Samen und Eizelle sicher zueinanderkommen könnten. Danach dürfe man auch wieder Traben oder Galoppieren. Na ja, ob die Erklärung stimmte?

GESELLIGKEIT, MAL ANDERS

Unser Alltag war schon sehr gesellig, aber natürlich gab es auch noch besondere Ereignisse. Dazu gehörten gelegentliche Ausflüge, die die Eltern oder die Mutter mit uns unternahmen. So ging es schon mal mit der Bahn zu „Onkel Heini", das war ein kleiner Zoo in Logabirum (das ist in der Nähe der Stadt Leer). Besonders begeistert waren wir Kinder, wenn es hieß: „Wir fahren nach Norderney"; einerseits, weil das nicht häufig vorkam, andererseits weil wir uns alle auf die Fahrt mit einem Schiff der Reederei „Frisia" ab Norddeich-Mole freuten und natürlich auch wegen des Badens in den Wellen der Nordsee.

Alle zwei Jahre unternahmen die Eltern auch eine Reise nach Schleswig-Holstein zu Verwandten. Eines von uns Kindern durfte mit. Die Verwandten waren auch alle Bauern und Bäuerinnen wie wir. Es handelte sich um Cousin bzw. Cousine von Vater oder Mutter. Nach der Niederlage der dänischen Truppen gegen die Armeen von Preußen und Österreich im Jahre 1864 hatten viele dänisch orientierte Bauern in Holstein ihre Höfe verkauft und waren nach Dänemark gezogen. Dadurch kamen ungewöhnlich viele Höfe zur Verpachtung oder zum Verkauf. Das nutzten auch Bauernkinder aus Ostfriesland und siedelten um nach Holstein. Ich kann mich an eine Holstein-Fahrt Anfang der 1950er Jahre erinnern, bei der ein Blick auf das im Krieg stark zerstörte Hamburg möglich war. Das war etwas ganz anderes wie die paar Bombentrichter, die es bei uns in der Gemarkung gab.

Vom jährlichen Turnfest und den Reiterbällen als Höhepunkte im Jahresablauf war schon die Rede. Ein weiterer Höhepunkt, und das gleich zweimal im Jahr, war der Jahrmarkt in Marienhafe. Auf dem großen Marktplatz unterhalb von Kirche und Friedhof waren jede Menge Verkaufsbuden und Fahrgeschäfte aufgebaut. Bei den Buden ging es von den obligatorischen gebratenen Mandeln bis zu der Braterei mit „Rossbratwürsten"; bei den Fahrgeschäften von der Schiffsschaukel und verschiedenen Karussells bis hin zu einer Art Wellenbahn, bei der sich die aneinandergekoppelten Wagen mit wachsender Geschwindigkeit und einem Auf und Ab sehr schnell auf der Fahrbahn im Kreis drehten. Für uns Kinder gab es für den Markt immer ein besonderes Taschengeld, meiner Erinnerung nach waren das 5 Mark. Da konnte man schon was mit anfangen. Obwohl wir zu Hause mit dem denkbar besten Essen versorgt wurden, lockte die kross gebratene Bratwurst, da sie irgendwie anders war (so eine Bratwurst kostete damals um die 50 Pfennig).

Je nachdem, wie alt wir waren, gingen wir anfangs mit den Eltern, bald schon verabredeten wir uns dagegen mit Freunden. Man bummelte hierhin, man bummelte dorthin, kaufte eine Kleinigkeit, schlug auf den „Lukas" (ein Gerät, bei dem ein Bolzen, wenn hart genug zugeschlagen worden war, bis in die Spitze sauste und eine Glocke auslöste) und versuchte vielleicht, durch gut gezielte Schüsse mit dem Luftgewehr einen Preis in einer der Schießbuden zu gewinnen. Die Neugierde für die Besonderheiten so eines Marktes war aber doch bald schon befriedigt.

Zum Jahrmarkt in Marienhafe gehörte die Tradition, dass am ersten Markttag der Vater eine reichliche Portion Räucheraal einkaufte. Die Aale wurden dann mit großem Appetit zum Abendbrot verzehrt. Aale aßen wir sonst eher in gebratener Form. Wir angelten die Tiere vorzugsweise im „Störtebeker Tief", einem Kanal, der vor der Eindeichung der Marsch ein Priel der Nordsee gewesen war. Das Braten von Aal war eine Arbeit, die meine Mutter nur machte, um uns den Gefallen zu tun. Sie tat es ungern, weil Aale – obwohl schon viele Stunden tot – sich im heißen Fett in der Bratpfanne bewegten.

Für uns als Jugendliche wenig interessant waren dagegen die „Bälle", die der Gesangverein, der Landvolkverband, der Landfrauenverband u. a. veranstalteten. Die Musik („Dicke Backen Musik"), die Tänze („Reichseinheitsschritt"), auch das Zusammenkommen von vor allem älteren Personen, zogen uns nicht gerade an. Dabei waren wir, was das Tanzen als solches betraf, durchaus dabei. Aber es sollten nicht nur Wienerwalzer und Foxtrott sein, sondern auch die damals modernen Tänze, vom Tango bis zum „Boogieboogie". Also hieß es: Bei der Tanzstunde anmelden. Merkwürdigerweise war die Zahl der Mädchen bei den Tanzkursen (zumindest damals) deutlich größer wie die der Jungens. Folge: Ich habe nacheinander auf Einladung des Tanzlehrers gleich an mehreren Kursen teilgenommen. (Geblieben ist von den vielen erlernten Tänzen allerdings nicht mehr viel).

So manches wurde anders, als ich den Führerschein gemacht hatte. Acht Stunden reichten durchaus dafür (Schlepperfahren auf dem Hof übt ja auch schon fürs Autofahren), teuer war er aber auch damals schon. Die Eltern haben meinen Plan, gleich zu meinem 18. Geburtstag den Führerschein in der Fahrschule Walter Weber zu machen, sehr unterstützt. Da mein Vater seinen Motorrad-Führerschein nicht ergänzen wollte, ermöglichte die Fahrerlaubnis für mich auch eine Vergrößerung der Mobilität für die Eltern selber. Meine erste Alleinfahrt mit unserem DKW 3/6 endete mit einer Ernüchterung. Ich fuhr natürlich nach Norden. Vielleicht sah ja eine Mitschülerin oder ein Mitschüler, dass ich jetzt des PKW-Fahrens mächtig war. Ich fühlte mich nach bestandener Prüfung absolut sicher. Nach wenigen Kilometern riss mich ein Geruch nach Gummi aus meiner Selbstsicherheit – ich hatte vergessen, die Handbremse zu lösen (in meinem späteren Auto-fahrerleben wanderte meine rechte Hand zu Beginn jeder Fahrt wie von selber zur Handbremse). Danach Weiterfahrt, Überquerung der Bahngleise kurz vor Norden – und plötzlich fand ich Auto und mich in umgekehrte Fahrtrichtung wieder – ich hatte nicht bedacht, dass auch schon ein leichtes Glatteis so einen Bahnübergang rutschig werden lässt. Geknickt fuhr ich zurück nach Hause.

Besitzer eines Führerscheins zu sein, eröffnete natürlich ganz neue Möglichkeiten, an Veranstaltungen teilzunehmen, die neu entstandenen Diskotheken aufzusuchen (vor allem „Meta" in Norddeich) und vieles mehr (wenn nicht die Eltern schon was anderes ausgemacht hatten). Meine Touren durch die Diskos machte ich fast immer mit meinem Freund Adolf Vienna, der genauso alt war wie ich und ähnliche Interessen hatte. Wir kannten uns schon lange durch die gemeinsamen Fahrten mit dem Zug nach Norden und durch den Reitverein. Wonach suchten wir? – natürlich interessante junge Frauen kennen zu lernen! Mal schwebte er auf Wolke sieben, mal ich. Frauen kennenlernen, sich verlieben, die Erotik – alles wunderbare Erfahrungen. Allerdings: So wunderschön das alles sein kann und war, es ist immer auch hochgradig persönlich. Darüber freut man sich (oder ist auch mal voller Enttäuschung und Trauer), aber es ist überaus privat. Oder wie es in einer Kindergeschichte hieß „Zu Hause erzählen wir nichts davon".

Meine Zeit in Ostfriesland endete mit dem Beginn einer Lehre auf dem landwirtschaftlichen Lehrbetrieb der Familie Garms in der Gemeinde Brettdorf im Oldenburgischen.

Hof der Großeltern mütterlicherseits in Upgant

123